村松梢風 編著

侠客の世界

江戸から昭和まで

義と仁叢書 5

国書刊行会

刊行にあたって

本書は、村松梢風（一八八九〜一九六一）が編集・発行した個人雑誌『騒人』の「侠客奇談号」（大正十五年十一月特別号）を原本として、新構成して編集したものです。編者村松梢風は巻頭言の「侠客奇談号を編集するにあたって」のなかで、

……古来わが国の民衆生活に、もっとも特色ある色彩と興味とを投げている侠客というものについて、従来あまり組織的に研究されたもののあることを聞かない。いわゆる侠客伝にいたっては、講談に演劇に読み物に枚挙にいとまないありさまだが、そのほとんど全部が荒唐《こうとう》無稽《むけい》でなんら信用するにあたいしない。

と述べ、本特集号の編集目的を、

真の侠客の精神を闡明《せんめい》し、これが発達の由来を研究し、一国の歴史と時代精神におよぼした影響を各方面から考証し、あるいは個人の実践を探り、膨大なる一個の侠客史を編纂することは、有意義なる社会史の一部門をなすものであると、編者は確信する。

としております。

このたびの新編集にあたり、「侠客奇談号」を「①侠客の成り立ち」「②侠客列伝」「③侠客の口上

と賭博」「④侠客をめぐる世界」「⑤アンケート　私の好きな侠客」の五項目に大分類し、再構成しました。

全体の流れとして、まず侠客の発生と発達の様相を概観し、ついで侠客の分類に言及。大前田英五郎、国定忠治などの名だたる侠客の列伝を叙述。侠客の独特の口上を解説し、歌舞伎役者や遊郭など、侠客をめぐる興味深い話を掘り起こし、末尾に、当時（大正期）の著名人に「①私の好きな侠客、②もしも私が侠客だったら」のアンケートを行い、賀川豊彦、水谷八重子、長谷川伸など五十七名からユニークな回答を集めています。

編集に際し、編者および各執筆者の意図に添いながら、現代の読者の利便を考慮し、左記のような編集上の補いをしました。

①旧漢字、旧仮名遣いを新漢字、新仮名遣いに改めました。
②難字にはルビをふり、難解な言葉には意味を（　）で補いました。
③読みやすくするため、小見出しをつけ、若干の改行を加えました。

平成二十七年十一月

国書刊行会

目次

目次

一、俠客のなりたち

1 侠客の発生および発達

高須芳次郎

一

現代人は侠客の人物、生活に対して深き興味を持ち、かつ相当の好意を寄せているが、侠客にもおのずから進歩の階段があって、その最初の芽生え時代に見るところは現代人が想像しているように侠客本位のものでなく、また芝居で見るような美化せられた性質、風体《ふうてい》のものではなかった。

発生期の侠客はむしろ一種放埓《ほうらつ》、わがままな生活を送り、意気奔放な点において、蛮風を帯びた点において、武張《ぶば》った点において、人目をひいたのである。それらは、これを平たくいうと侠客的要素を備えた一種奔放な人物で、その発生は一般に室町時代から江戸初期にわたるのである。

室町末期は史家が「下克上」の時代と見なすほど、中央権力がはなはだしく崩壊し、社会的秩序がひどく乱れた。在来、不当の圧迫を受けた士民がそうした隙に乗じて、各自にその自我を生活の上に発揮しようとしたのは当然のことである。そういう傾きを最も明白にしたのは「徳利平均」ということを標榜して、社会主義的共産思想を実現しようとした「土一揆」の群である。土一揆の勢力は当時なかなか侮《あなど》り難く、徐々に勝利を占めた。それは「下克上」の具体的発現であった。

以上のごとく、土一揆によって示唆された権力反抗の精神はおのずから士民の間にひろがり、京阪の士民をも動かしたのである。『室町殿日記』によると、つとに京阪地方に男立《おとこだて》（男伊達）すなわち侠客の先駆となった一団が発生したことがわかる。彼等の風体は、

「大の男のつらつき、まなざしいかめしきが、頭は半頭にて頰髭、うはひげ、あくまでむくつけき」

とあるごとく、異様に武張《ぶば》っていた。彼等は五人または三人位宛、隊を組みつつ、

「喧嘩買おう、喧嘩買おう」

と叫び、京阪の街上を横行闊歩したのである。

それらは必ずしも市井無頼《しせいぶらい》の輩《やから》のみで組織されたのではなかった。その中に相当の武士も混じっていた。『当代記』によると、慶長十一年頃、京都を騒がした「かぶき衆」の一団中には、都会文化に中毒して、自ら放蕩の道をたどった不良武士群があった。彼等は人目をそばだてるような異様の風体をして、北野、賀茂辺に出没し、婦女に戯れたり、市民を脅迫したりした。その噂が次第にひろがって、家康の耳に入ると、家康はひどく立腹し、

「市中の平和、秩序を破るものどもは容赦なく処罰せよ」

と厳令し、一気に捕縛《ほばく》せしめた。その捕えられた不良武士群のうちには、大島雲八（朝鮮出征の際、親衛軍の弓銃隊長）、津田長門守、天野周防守、稲葉甲斐守その他相当の人々がいた。

こうして「かぶき衆」は一時、影を潜めたが、それから数年たった頃、その流風を追うものがまた勢いを盛り返して、あるいは「荊組《いばらぐみ》」と称し、あるいは「皮袴組《かわばかまぐみ》」といって、京都市中に姿を現し東西に跋扈《ばっこ》した。彼等は喧嘩、悪戯によって、その鬱勃《うつぼつ》の気を吐き、ひどく市民を悩ましたので、京都所司代は市中の秩序維持のため、彼等七十余名を捕縛し、団長左門以下数名の巨魁《きょかい》をいずれも死刑に処したのである。

二

以上は京阪における侠客発生時代の現象で、侠客的要素の見るべきものが比較的少なく、助六、長兵衛、暁雨などに見る美点はほとんどない。ただその男性反抗意気や平凡無為の生に伴う単調さを打ち破ろうとした心持ちに対し、今日いくらか同感できる点があるだけだ。そういう傾向は、侠客発生期の江戸においてもまた存在した。ただ江戸では、京阪の「かぶき者」に見るよりもはるかに殺伐な空気色彩が多かった。そこに関東と関西とのローカル・カラーが明らかに浮かび出ている。

江戸の初期侠客すなわち侠客の前群をなしたのは、よき意味からすると、武士道の変形的発露だと解釈することが出来る。けれどもまだ彼等には任侠とか男気《おとこぎ》とかいう概念が甚《はなは》だ乏しかった。が、武士道の一要素たる「勇武」を重んずる精神が中心となって、彼等を強く支配し、それが極端に流れるに至ったのである。

彼等が出没したのは、慶長十七年頃で、時代はしばらく太平に傾き、軍国生活に馴れ切った武士に対し単調、索漠《さくばく》、失意、無聊《ぶりょう》（たいくつ）を感ぜしめた。すなわち「髀肉《ひにく》の嘆《たん》」（蜀の劉備の故事、功名を立て、伎倆を示す機会がないのを嘆くこと）が深く彼等を悩ました。そうした感じを抱いたものは何とかして、

「無聊を打ち破ろう」

「単調を一排しよう」

という考えから「辻斬《つじぎり》」ということをはじめたのである。

彼等は何の罪もない市民に向かって突然「辻斬」を行い、ひどく彼等を驚ろかした。けだし「辻斬」なるものは、武士が武術を錬磨し、あるいは刀剣の切れ味をためすために、夜の闇にまぎれて、往来の人を斬ることで、盗み、物取りなどとは全く趣を異にしていた。そういうわけで、江戸に現れた「かぶき者」の変態たる辻斬組は、主として「勇武」の心を極端に押しひろめたものにちがいなかったが、治安第一を旨とする都会において、それははなはだ禁物であった。

当時、彼等は一種の秘密結社を組織し、その首領株には、大風嵐之助、風吹けばちり右衛門、大鳥居いつ兵衛、大橋すりの介、天狗郷右衛門などがいた。その仲間の規約はかなりに厳重で、規約を破ったものは生命を奪われるようになっていたと同時に、同じ仲間の結合が極めて強固であったらしい。このことは明白にある一挿話によって証拠立てられる。

それは慶長十七年（一六一二）六月のことであるが、大番組頭芝山権左衛門（正次）が江戸市中の辻斬組の処為《ふるまい》を憤り、その一人を斬《ざん》に処したところが、たちまち権左衛門に復讐したものがあった。

その男は意外にも権左衛門が愛した家僕《かぼく》で、その家僕は小者から侍にしてもらった大恩を主人から受けたにもかかわらず、辻斬組の一加盟者として、主人の首を刎《は》ねたのである。それは忘恩の行為にちがいないが、しかしても、そういうことを敢行したのは、仲間の規約に殉じたのではなかろうかと思う。

以上のごとき辻斬組の行為は、市民に対してはなはだしく畏怖、不安を与えたので、幕府は辻番所を置いて厳に警戒を加え、その首領株を斬罪に処し、市中の平和維持に努めた。当時、幕府の調査するところによると、江戸市中において、三百人ばかりの徒与《なかま》がおり、地方の分を合するならば、三千人に近かったと伝えられる。

三

右に述べたところは、侠客そのものではなくて、むしろ侠客発生に一契機を与えたものである。厳にいうと、侠客の発生はこれを旗本奴《はたもとやっこ》（旗下奴）に徴するのが至当《しとう》と思う。慶長年間の「かぶき者」や江戸の辻斬組は、侠客の意義に縁遠いところがある。それで旗本奴において、厳にいう、侠客の発生を見たのであって、侠客の精神、心持ちは旗本奴のうちにはじめて発現した。それで旗本奴の生活現象は、日本侠客史上、重要視しなければならぬ。

旗本奴の生活を記述するには、順序として「奴」の意義を明らかにする必要がある。奴は「男立」と同意味に解せられるが、古くは武家の奴僕《ぬぼく》を意味した。「旗本奴」の「奴」はこれを内容上からすると「男立」の意味にとれるが、形式上からは、やはり、武家の奴僕にちがいない。けれども一種変態的な武道精神の結晶を意味する奴僕だ。

彼等は旗本の家に年季奉公をする仲間で毎年三月五日――昔は二月二日――を出替時として一年間、主人に仕え、期が満つると、また他の主人に仕える。いずれかというと、生活上、彼等は決して恵まれていない。けれども彼等は年と共に武士道の衰退してゆくありさまを憤り、浮華《ふか》（うわついてはなやかなこと）、驕奢《きょうしゃ》、淫逸《いんいつ》の風に反抗した。彼等のいかめしい作り髭、梅華《かいらぎ》（鮫皮の一種）皮鞘《さや》の大脇差を閂に落としざしにした姿、綿布子《ぬのこ》の裾を高く捲《まく》って毛脛を出した蛮風などは、確かに軟化しゆく時代の風俗に反抗したことを示した。

彼等の生活は武俠、剛健の色彩を帯びて、はるかに文弱化した旗本を眼下に見るの風があった。『八十翁《やそ》物語』によると、

「奉公もよくつとめ、大義なる事を大義といわず、あるいは寒中にも袷《あわせ》一つにて寒き面《つら》もせず、一日食を喰わぬとて、ひだるき体もせず、供先《ともさき》にてうたにも用に立働かんなどと高言し、さてまた歴々の奴衆は、身持食いもの、ぶやけたる生やわらかなる体なし。好色のことになづみ（溺れ）、くったくの気なく、刀脇差やきばの強きを好み、侍道の勇気常に専らとして、人にたのまれまたは人のためには、命を露ほどもいとわず、支配を敬まい、親方老人と念比し、律儀《りちぎ》なる人をば、結構に慇懃にあしらい、我にかわりて人を救い、利欲に拘わらず、気根達者に武芸を精出し、人の勤め難きを事ともせず、敵というものを許さず」

とある。すなわち旗本奴の優なるものは、立派な武士に劣らぬ言動をした。彼等の間には、十三ヶ条の規約があってそれをよく守るものを組頭に抜擢するようになっていた。また『八十翁物語』に旗本奴の上位を占めるものを賞讃して、

「理発にていずれも器量なり。うつけたる奴はなし」

といい、さらにその風俗の美に言及して、

「その刀脇差きれいに、衣裳には白無垢をはなさず、垢つかぬ小袖に伽羅などおき、身持随分きれいに銭金ほしそうな顔もなく、やつこせし也」

と感嘆している。すべての奴が必ずしも左様でなかったであろうけれども、相当主人から優遇された典型的な奴は恐らく、以上のごとく、どの点においても、武侠的に大なる犠牲的精神を備え、美しさ、優しさをもそなえていた。

旗本奴は確かに侠客の元祖である。源泉である、美しき発生である。今日、人々が有する侠客という概念に付随した美所、長所はたいてい、旗本奴のうちに、これを見出すことが出来る。ただ風俗の上においては、『八十翁物語』において述べた上品な旗本奴は比較的少なく、やはり、『百物語』にある通り、

「六尺余の男、大鬂を捩《ね》じ上げ、まず肌に牛首《くず》布の帷子を着、上に太布《たふ》の浩染に、七八百が糊をかい、馬皮の太帯しっかと締め、熊の皮の長羽織、まっすぐなる大小、十文字に差しこなしたる気色」

とある方が多数を占めていたように思われる。

四

旗本奴の生活は今日から想像しても、いかにも剛健質実で痛快なものである。ところが、幕府は世の太平と共に粗野な風俗を禁じ、旗本奴の武張った体裁を固く排斥した。そういうわけで、旗本奴は時代の推移と共に次第に衰え、ついにその影を潜めるに至った。

が、一度寛永時代（一六二四―一六四四）に栄えた旗本奴の風俗は明暦時代（一六五五―一六五八）に入ってまた復活した。もちろん、それらは、往年のごとき旗本奴が実在したのではなく、旗本自身が、奴の美風を慕って、それを模倣したにすぎない。すなわち名称は依然として旗本奴でも、内容において、精神において、昔の奴にくらべて劣っていた。いくらか男らしい意気地を持ったものはあったが、多くは華美、驕奢の風を誇りとした。そこに時代の推移が見える。

右のごとき旗本奴の出現に対して、ここに対立の姿で現れたのが私たちの最も愛する町奴《まちやっこ》である。町奴の発生は今日、いうところの階級闘争の精神に根ざした点が確かにあった。当時における支配階級、権力階級の横暴に対する反抗、武士階級の跋扈《ばっこ》に対する不満不平などが、町奴発生の一因をなした。それに軍国時代が去って、経済本位の時代がきたところから町人階級の勢力が事実上次第に伸びはじめたことも、またその発生の一因をなしていた。が、今一つの原因として、町人のうちに、神祇《じんぎ》組、吉屋組、白柄《しらつか》組、六法組などという旗本奴の江戸市中を横行する勇ましい姿を見て、深くそれを羨望し、自らそれを模倣しようとしたことをも数えねばならぬ。

町奴と旗本奴との対立、争闘については、在来、あまりに多く語られているから、私はここにそれを述べることを省略しよう。旗本奴の首領水野十郎左衛門（〜一六六四）と町奴の大親分幡随院《ばんずいいん》長兵衛《ちょうべえ》との葛藤をも省略する。当時の旗本奴は奇行奇装をてらいすぎる欠点があり、また町奴は賭博に耽り、乱暴に傾いた弊《へい》はあったが、義のために生命を投げ出して惜まぬ美所をともに有していた。かつ町奴が容易に旗本奴に下らないで、

「自分らは大江戸の町人だ。三一《さんぴん》奴《やっこ》に指はさされないぞ」

と豪語し、武断政治の下で不当に圧迫された民衆のために気を吐いたことは痛快である。

ことに旗本奴が寛文年間におよび、水野らの刑死とともに跡を絶ったにもかかわらず、町奴のみは依然としてその脈を続け、侠客の名の下に相当の発達を遂げたこともまた、民権発達史上重要視すべき一現象である。明治の代に入っても新門辰五郎などがいて侠名を一世に馳せ、清水次郎長などと共に、私らに任侠の意気を示した点はこれまた痛快だといわねばならぬ。ただ近世の侠客が典型的な旗本奴にくらべていくらか及ばぬ点を有し、侠客としてはあまりに意気、然諾《ぜんだく》（よしとして引き受けること）のみを重んじ過ぎた傾きがあって、そのため、時には善悪をも顧みず、猛進するような風があったことは、いささか遺憾としなければならぬが、義を見て勇む一片耿々《いっぺんこうこう》（一心にうれえる）の心は実に美しい人情の発現として嘆賞したい。

2　侠客の分類法

白柳秀湖

（一）　都会の侠客

一、発生の原因

①内因　都会に侠客の発生した内因はいうまでもなく、市民権の発達に基《もとづ》く。上代にありては都府というも、単に政府の所在地を指すにすぎず、地方との間に経済上の分業が行われたわけではなかった。しかるにその都府にも人口の集中につれて「市《いち》」が起こり、ついて「座《ざ》」が牛じ、鎌倉時代から室町時代にかけて「座」の勢力は著しきものとなったが、室町時代の末に至って徳政や、馬《ば》借一揆《しゃくいっき》のために散々荒らされた上に、応仁の乱が起こって旧来の都府が衰え、その頃までにようやく起こりかけた商業は中央の都府から沿海の要津《ようしん》（交通・商業上の重要な港）に移った。

しかるに間もなく鉄砲が渡来して築城法が一変し、武士が土地を離れて城下に生活するようになってからは沿海の商人が再び中央の都市に復帰し、いわゆる商業都市が非常な勢いで発達した。

上古における日本の社会は貴族と奴隷との二階級からなり、その間に中間の階級というものはなかった。もちろん貴族に血統の序列があり、奴隷に上下の差別があったことはいうまでもないが、これを要約して貴族と奴隷との二階級から成り立っていたことに間違いはない。しかるに貴族の中の身分の軽いものと、奴隷の中の地位の優れたるものとから商人という中間の階級が発生し、それが貨幣制度の発達と都市の進展とにつれて有力な階級となり、元和偃武《げんなえんぶ》（大坂夏の陣）の後は、種々の特権を得て、生命財産の安固《あんこ》を保障されるようになった。

このようにして大坂、江戸、長崎、京都、堺などの商人はおおいにその市民権を伸長したが、因襲の久しき武士は商人を庶民の最下級に斑《はん》し（まじわり）てこれを卑《さげす》みややもすれば、両刀の威に任せて、その生命財産を脅かし、都市生活の秩序をみだす行為が多かった。

ことに元和、寛永の間は戦国殺伐の余風が、都市の平和を破り、商業を妨げたことは非常なもので、血刀を提げて町家に闖入し、大戸を閉して捕吏に抵抗するごときほとんどその常套手段であった。旗本奴《はたもとやっこ》のごとき、その外様大名に対する反感はもとより、裕福な町人に対しても強烈な反感を抱いていたことに疑いなく、町人は彼等の狼藉《ろうぜき》に対し、何等かの方法をもって自ら衛《まも》る方法を講ぜなければならなかった。

すなわち、欧州におけるブルゲスが、市民兵を備えて自ら衛ったように、日本の町人も、何等かの方法で、浪人ものや、旗本奴などの狼藉に備えなければならなかった。この要求に応じて都会における第一期の侠客すなわち町奴が生まれた。

②外因　初めに俠客の生まれた外因は、武士階級から失業者が夥《おびただ》しく現れたということであろう。慶長、元和の役《えき》は、豊臣氏と徳川氏との争覇戦といえばいうものの、実際は一つの大きい社会革命であった。関ヶ原の役《えき》後諸大名は徳川氏に一札を差し入れ、天下の謀逆人、すなわち西軍の諸大名に随身した浪人を召抱えまじき旨を誓約した。

また、諸大名と諸大名との間にも奉公構えと称する慣例が成立して、浪人はようやく諸大名の門からロックアウトされてきた。大坂の役、島原の役を経て浪人の召抱えはいよいよ厳重に取り締まられることになった上に、徳川氏は一方で盛んに浪人を造ることをした。すなわち元和以後、外様大名の家はなるべくこれを取り潰す方針で、わずかばかりの瑕瑾《かきん》（きず）を見付けては、加藤、福島というような気に入らぬ大名の家をドシドシ取り潰して行った。

外様大名の家を取り潰したばかりでなく、大名の嗣子《あとつぎ》なきものは、その領土を没収するというずいぶん残酷で非道な法律を設けて、元老元勲の家といえども嗣子なきものは仮借するところなく、片端から取り潰していった。家光の時には幾分その法律が緩和されて養子が許されることとなったけれども、なお臨終養子は厳禁されていたので、藩主の夭折その他で養子が間に合わず、罪なくして改易される大名の家が多かった。

このようにして盛んに造り出された浪人は我も我もと争って江戸に集まり、その繁昌に乗じて何がな（何かを）身の代に有り付こうとした。軍学の教授、剣道の師範は、少数非凡の浪人活計を与えたけれども、大多数の凡庸にして無技無能な浪人は次第に淪落《りんらく》して、あるいは町人の用心棒となり、あるいは町内の抱えとなり、人入業者の手をへて諸大名の邸《やしき》に渡り仲間でもするより外に途《みち》はなかった。

慶安、承応の陰謀事件以後はさらに浪人の取り締りが厳しく、幕府は浪人という名を聞き、軍学師範という看板を見ただけで直《ただち》に観察を厳重にし、「宿改め」を連発して、江戸から駆逐しようとかかったので、浪人は浪人として生活することが出来ず、多くはその身分を韜晦《とうかい》（かく）し、血統の誇りを棄てて日傭《ひやとい》人足の群に入るようになった。このようにして町奴と称する第一期の侠客が起こった。

二、町奴

町奴の職業が何であったかは明らかでない。あるいは車善七のように、あるいは弾左衛門のように、ある因縁から、ある特殊の階級の元締として許されたものもあったが、それは、一つの株となって一般の浪人が立ち入ることを許されなかったので、浪人の多くは、その技芸才能によってある町家の扶持《ふち》をうけるか、区内の抱えとなるか、もしくは人入《ひといれ》業者の手をへて諸大名の邸《やしき》に雇われるか、それよりほかに活計の途はなかったに相違ない。

人入れというのは、多く諸大名の江戸屋敷を出入先として、臨時入用の人夫を入れる稼業で、「寄子《よりこ》」と称して多くの失業者を養い置き、その元締めとして、諸大名の屋敷から用命のあるたびに、人数を揃えて差し出した。この差し出した人夫の行為に就いては諸大名に責任がなく、元締が一切の責任を引き受けることになったので、諸大名はこの人夫を使嗾《しそう》（指示すること）して、旗本奴などから売られた喧嘩の仕返しをすることも出来た。

幡随院長兵衛、唐犬権兵衛《とうけんごんべえ》などの伝記ははなはだ曖昧なもので、その時代にも、その人物にも種々の疑いがある。しかしかの旗本奴と時を同じうして世に出で、あらたに台頭した町人階級と、旗本奴と仲の悪い諸大名との尻押しで、あるいは町人の用心棒となって働いたり、あるいは諸大名の手先となって、旗本奴に対抗したりしたものであるということは大体において想像される。

そうして旗本奴の不行跡がまず問題となり、水野十郎左衛門等が制裁をうけてのち、町奴も貞《てい》享《きょう》元年（一六八五）に至り、御先手組《さきてぐみ》頭（火付盗賊改役）中山勘解由《かげゆ》（直守）の手に検挙されて、その余類を一掃されたらしい。

三、武家火消及び町火消

町奴が一掃されて間もなく町火消が起こり、それが町奴に代わって町人の用心棒となった。町火消は町奴に比べると一層統制された市民兵で、それだけ市民権が発達し、江戸が秩序立ったわけである。

町火消の起こる前に武家火消があった。慶安三年（一六四八）の創設で、その人足を「臥煙《がえん》」といい伊達者の一つになっていた。後年旗本の子弟や御家人でこの臥煙に身を堕すものが多く、白い肌に文身《いれずみ》をし、白足袋で駆け出す姿は著しく当時の蓮葉《はすっぱ》な町娘などに喜ばれたものらしい。

町火消は享保四年（一七一九）四月に編成され、いろは四十八組に別れ、各組が人足、平人、梯子、纏、頭、頭取の六階級から成っていた。そうしてそのいずれも町内の常雇で、それぞれ旦那筋を持っており、そのためには随分命を投げ出して働いた。「い」組の伊兵衛、「よ」組の八五郎、「つ」組の丑五郎、二本榎の伝兵衛等は有名な頭取で、一諾千金《いちだくせんきん》の値《あたい》ありとされた。幕末では新門辰五郎が侠客として名高く、纏、頭ぐらいのところにも、講談にその名を謳われているような勇み肌が多かった。

四、大坂の侠客

大坂は江戸より早く秩序が立ち、ことに旗本とか、御家人とか、諸大名の家来とか、浪人とかいう純粋の消費者が少なかったので、したがってその町人との接触も江戸に比較して見ると頗《すこぶ》る簡単で、武士階級も早くから開けて市民の生活に融和することを知っていた。しかし全然侠客の必要がないというのでなく、必要に応じて町人の用心棒となるものはあった。雁金文七、極印千右衛門、雷庄九郎などがそれで、馬琴の『蓑笠雨談《さりゅううだん》』は西沢一鳳軒《にしざわいっぽうけん》（江戸後期の歌舞伎狂言作者）が罵倒したように、宿屋の案内人の聴書であるにしても、『浪華《なにわ》五侠伝』などにくらべて大体を知ることが出来る。

五、侠客と紛わしい伊達者

元禄以後、江戸、大坂の発達につれ、富裕な町人の間に伊達を好むものがあり、遊里などで盛んに金を撒き散らし、幇間末社《ほうかんまっしゃ》（たいこもち）どもから盛んに侠名を謳われた。いわゆる「旦那芸の男達」である。大坂、堺では伊達者の名を謳われるものよりも、風流韻事《ふうりゅういんじ》に遊ぶものが多く、茶の湯、連歌、少し降っては浄瑠璃、俳諧などで名人と騒がれたものが少なくなかったが、江戸で札《ふだ》差《さし》の大口屋《おおぐち》暁雨《やぎょうう》などは商売がら茶の湯、俳諧で納まっていられず、松のはけ先、透額、一つ印籠二つまえ、尻をまくらぬ侠客を以て自ら任じ、自ら誇った。まず侠客というよりも、伊達者というのであろう。

（二）田舎の侠客

一、発生の原因

田舎の侠客は天領（代官地）か、しからざれば一～二万石級の譜代の領分から出るものに限られていたようである。早い話が中国、九州、奥羽、北陸などの大諸侯の領地からは侠客というものが出なかった。侠客はまず関八州か、甲信駿遠の四州か、諸国の天領から多く出た。そのところに田舎の侠客の発生の原因がある。

徳川時代外様大名の国替えというと、非常な大事件でよほどの瑕瑾《かきん》でもなければまず国替えということは命ぜられなかった。そのところで百姓と領主との関係が、大体において温情主義から成り立ち、いかなる暗君庸主《あんくんようしゅ》が現れても、百姓が立ち行かぬまでに搾取するということはしなかった。

これを要するに外様の領土にありては、百姓は中世のいわゆる農奴で、これに欲望の充足を与えるというような、積極的の善政はせぬが、極端な悪法苛政をもって、これを立ち行かぬまでに搾取するということはせぬ。それをするのは、自分を立ち行かなくするのも同じことで、鶏を割《さ》いて金の卵を一時に取ろうとするの愚も同じことである。

すなわち外様大名の領土には、まだまだ封建制度の特色である農奴組織が痕跡を止めており、従って領主と百姓の間にはいわゆる温情主義も行われていたのであるが、天領すなわち将軍の直轄地となるとそれが全くないことになってしまった。人も知るごとく幕府から直轄地に派遣された代官は多くは微禄の旗本で、初めは相当の人物がいて正しい政治を行ったが、経済の事情の推移するにつれて、幕府の財政難がいよいよ加わり、そのうえに旗本の人物も著しく下落して民政に心得のあるものなどほとんどなく、代官として任命されるものは、百姓から一粒でも多くの年貢米を搾取して上官の御見出しに預り、立身出世をしようとするか、しからざれば在官中、出来るだけ多くの賄賂を貪って老後の計を立てるかするよりほかに念とする所なく、腰かけ同様の心持ちで百姓に対するのであるから、百姓は全く立ち行かない。

しかし代官から見ると百姓の立ち行く、立ち行かぬことは問題でない。どうせ自分は早晩他に転ずるのであるから、百姓が立ち行こうと、立ち行くまいと、そんなことは念とせず、搾れるだけ搾って上官から御見出しに預り、出世の緒《いとぐち》を得るに越したことはない。

ことに当時の政府はその年々に逼迫《ひっぱく》して行く財政難から一粒でも多くの年貢米を収斂したものを手腕ある代官として賞揚し、何某はその前任者よりこれだけ多く成績を挙げたといって奨励をするのであるから、代官たるもの百姓の怨嗟《えんさ》などに耳を傾けてはいられない。そのところで享保以後代官地には頻々として百姓一揆が起こり、天明以後はそれが全く慢性的となってしまった観がある。田舎の侠客は確かにこの百姓の流離《りゅうり》という事実と関係が深い。

関八州と甲信駿遠の四州とは江戸城の防備の上に最も重大な関係があり、徳川氏はこの地域に外様を封ぜず、譜代と旗本といわゆる天領とをもってこれを固めた。遠州が江戸城の防備の上に重大な関係を持っていたのは南に浜名湖と、天龍、大井の二川とがあり、北に富幕、秋葉、黒帽子、大日、大無間山等の嶮山峻峰が連亙し、人跡未踏の地が多く、人馬軽重を通ずるに困難で、江戸城にとっては正しく屈強の外廓であった。甲信二州の要塞に至ってはここに説明するまでもない。

そのところで徳川氏はこの遠州をはじめとして駿河、甲斐、信濃の四ヶ国を江戸の外廓と見立て、これを譜代と旗本とに分割し、譜代の領土は大抵一～二万石を普通とし、多きも五～六万石をもって限度とした。もちろん駿府と水戸は別としても、信州松代の真田家のように十万石で終始したものもあり、関八州の中にも忍《おし》の十万石、佐倉の十一万石、土浦の九万五千石、前橋の十七万石等の例外もあるが、その間に一～二万石級の譜代の多かったことは目まぐるしいほどで、これらの譜代の勝手元不如意はいうまでもないが、その移封の頻繁なるちょうど当今の地方長官の変わるようなものて、遠州、浜松、掛川、横須賀など、ほとんどその歴代の支配者を数えるだけでも容易でなく、関八州に入っては一〜二万石級の小諸侯が多く、しかもその移封の頻々たる、いかなる古老も学者も一々精確にこれを指呼することはむつかしいぐらいのものである。

ゆえにこれらの譜代は大名といっても、実は一種の地方長官で、その百姓に対する態度は前述の代官と少しも変わらなかった。したがってこれら譜代の領土内における百姓の気風は、外様大名の領土内における百姓の気風とはまったく異なり、百姓というよりも遊民に近いものが多かった。

二、八州警察の事

関東の侠客を研究するものが忘れてはならぬことは、八州警察（関東取締出役）のことである。江戸市中の警察には町奉行と、御先手組とがあり、町奉行は今日の警察と裁判所とを兼ねたもので、普通に江戸市中の行政事務と司法事務とに従事していたが、御先手組は随時その間に飛び込んで、奉行所と犯人検挙の功名争いをした。憲兵隊のようなものである。

江戸市中を除く他の地方の警察行政及び裁判事務は、原則からいえば大名の領土は大名自身がこれを行い、寺社領は寺社奉行がこれを行い、将軍の直轄地は勘定奉行がこれを行ったのであるが、江戸市中を除く関八州に限り、将軍家の御膝元であるというので、その警察権が一切勘定奉行の手にあった。これを八州警察といって、その人民に対する態度の峻厳にして苛辣《からつ》を極めたる頗《すこぶ》る今日の警視庁と地方警察との関係に似たものがあった。

すなわち徳川家は関八州に対して不断の戒厳令を施行していたようなわけで、さしも不逞の徒といえども、八州警察ときいては、尻を捲き風を喰って逐電（すばやく逃げること）した。これは八州の役人が、将軍の御膝元というので、その目星をつけたものには一切理窟をいわせず、弁明をさせず、片端から検挙し、片端から処分してかかりそめにも仮借しなかったのである。

この八州警察の制度の起こりは関東の人心が由来険悪を極めたにもよるが、また一方からいうと、関東の人心を険悪にし、遊民を多からしめたことも非常なものであった。何となれば、江戸、大坂、京都、堺、長崎等町奉行もしくは奉行の支配地では警察も裁判も大いに民衆化し、人民にも相当訴願の途が開かれ、また民間には代理出廷の風も始まったのであるが、八州警察の下に在りては、一切の訴願、一切の弁明が全く無益であった。すでに正業にして立ち行かず、訴願の途なしとすれば、人民は土地を棄てて流離し、遊民の群に伍して、博奕を業とするに至る。これは当然のことである。

三、義賊

このようにして徳川氏は地方の民政に失敗し、歴史家から享保の治をもって称せられる八代吉宗のころから譜代、旗本もしくは代官地の頻々たる百姓の一揆を見るようになった。延享元年（一七四四）遠州掛川なる小笠原佐渡守の領内に由々しき百姓一揆があり、浜島庄兵衛という浪人ものが首領となって、領主に反抗し、御鯨山に立て籠もって散々に討手の兵を打ち悩ました。浜島庄兵衛は世にいう日本左衛門である。

当時遠州の地は関八州と同じように遊民が夥しく、顔役とか、親分とかいうものが、浪人ものを扶持して用心棒とした事情を察することが出来る。慶安、承応の頃、浪人の活計を立てるは都会地に限り、田舎に行っては身を寄せる所さえなかったものが、徳川氏の中頃から、地方ことに譜代の領内に遊民が多く、浪人のために新しい職業の生まれた事情を察すべきである。

天明の大飢饉となり、地方では農民が餓死する、都会では細民が物価の暴騰に苦しめられて暴動を起こすという時に、ある種の町人はその飢饉によって却って暴富を致し、栄耀栄華に身の持ち扱い方を知らぬとあっては、いかに村松梢風君が泥棒の話を嫌われても、社会講談は起こらざるを得ぬ。鼠小僧とか、因幡小僧とか、その正体はどれほどのものであったか知らぬが、『後見草』に因幡小僧のことの書いてあるところを見ても、これは泥棒そのものよりも世の中の騒ぎの方がはなはだしく、『鬼熊』と同じように密《ひそか》に逃したり、かくまったりするものがあって、遂に豎子《じゅし》（こども）をして名をなさしめたものであろう。因幡小僧は田舎小僧の訛伝《かでん》（まちがい）であり、忍術を使うとまでいい囃されたものが、一橋の舘で、名もなき下郎の手に捕えられたなどもよい皮肉である。

四、博徒の大親分

天明以後は飢饉の慢性になった形があり、百姓一揆は日本国中いたる所に起こったが、その間には百姓もおいおい戦争に慣れ、近国近在を結束して幾万という大衆を嘯集《しょうしゅう》し、諸大名の武備の不十分なのに乗じてその目的を貫徹しようとするようになり、必ずしも中心に日本左衛門のごとき目《め》星《ぼし》い人物を必要としなくなった。元文三年（一七三八）の磐城平の一揆、享和三年（一八〇三）の山県一揆、文政六年（一八二三）の紀州和歌山一揆などそれでいずれも数万の大衆が動いている。これに対しては大名と大名の間に救援の申し合せも出来、山県一揆では米沢も、仙台も援兵を出し、四国では大洲、松山、その他の諸藩にその申し合わせがあったらしい。

そのところで、文化、文政以後は博徒の大親分と称せられるものもだいぶ利巧になり、一方ではその多くの子分従類を率いて縄張りを固守し、他の一方では官憲と妥協し、いわゆるその御用を聴いて、その特殊な地位と利益とを保障されるようになった。この遺風が警視庁に伝わり、明治の晩年まで、博徒の大親分とスリの親分とは警視庁の御用人たるかの観があった。

国定忠治はもとこの部類に属すべき侠客であったが、その勢力が余りに人きかったのと、天保の飢饉に際会し、大坂に大塩平八郎の騒動などがあって、政府がはなはだしく神経過敏になっていたので、ついに日本左衛門の二の舞を演じなければならぬような羽目に陥った。

幕末に至って田舎の侠客は全く職業化し、官憲との関係はますます親善なものになって、全く社会の秩序の中に融け込んでしまった。従ってその勢力も夥しく、多くの子分を統御し、地方の人心を収攬《しゅうらん》（あつめとらえること）してゆく上において、腕力よりも腹芸の方が必要となった。清水次郎長、大前田英五郎などの伝記にも、ホントウに書けば、旧来の講談師の説くところより、はるかに質実な含蓄の多いものとなろう。

3　俠客および俠客思想

千葉亀雄

この文章を書く参考書が、一つも手元にないので、思い出すままをならべるのであるが、一体私が、俠客について興味を持ち出したのは、ずいぶん古い話なのである。何でも（曲亭《きょくてい》）馬琴《ばきん》の『糸《いと》桜《ざくら》春《しゅん》蝶奇《ちょうき》縁《えん》』などが、だいぶ因縁になっているらしい。なぜなら、自分が『糸桜春蝶奇縁』を読んだのが、たしか十か十一かの少年の頃だったから。誰も知る通り、本町綱五郎もしくは翻蝶綱五郎という、若年の俠客を主人公とするもので、馬琴が、本筋に俠客を書いたものでは、まずあれなどが珍しい方のものだろう。

「脱《のが》れがたしと覚期《かくご》して、なおこりずに人のためを、思う信は壮士の、日本魂なるべけれど」

などいう一流の五七調に、『史記』伝来の俠客魂が現れている。「日本魂」という言葉の使い方も珍しい。もっとも、馬琴はそのほかに、『女仙外史』や『唐魏叢書』の、剣俠と女俠を練り合わしたような、楠姑摩姫の未完長編『俠客伝』を書いているが、この方は、換骨奪胎《かんこつだったい》（古文の語句、組立をかえて、着想を新しく見せること）も少し乱暴な程度になっている。

何といっても、司馬遷の『史記』が、俠客の定義を制定した和漢の元祖であろう。そこで荊軻《けいか》だの、聶政《じょうせい》だの、蒼海公だのと、すばらしい俠客が生きた人間として活躍する。そのまた文章が、申すまでもなくすばらしい。それが春秋戦国に始まって、西漢《せいかん》（前漢）、東漢（後漢）からずっと伝え伝えて、唐、宋、元、あたりまで繁昌した事蹟は、趙翼《ちょうよく》（一七二七―一八一四）の「二十二《にじゅうに》史劄《しさつ》記《き》」でよく論じてある。趙翼は、中国歴史家中の白眉である。それだけ、評論が厳格だ。だからここでも、俠客の行為が、弁護されると同時に、ひどく叱り付けられている。司馬遷は、時代に憤慨して俠客伝を作ったため、自然に時代の反抗児である俠客を持ち上げたのだが、趙翼は公平な史家だけに、俠客が、時代とともに、種が悪くなり、その弊害が、ややはなはだしくなったことを難じている。

けれども、「五朝小説」の中の、剣俠や、女俠や、仙姑の記述を見ると、やはり胸がすっきりする。たいてい、不義暴欲の高官や役人を、虐げられる者に代わって暗殺し、明殺する手合だ。もっともいささか荒っぽいが。また、「大鉄鎚伝」や、「虬髯《きゅうぜん》客の伝」は、さすがに文章として古今に独歩するものだ。

日本でも、俠客の事実は、武内宿禰《たけうちのすくね》を救って自殺した真根子などの史跡が、明らかに歴史に記載されている。徳川の初期になると、初めていわゆる武士の俠客が現れ、水野一輩の連中が、河合又五郎の一件で、池田の殿様などを憤死させる。すると武士の俠客に対して、一方に巷《ちまた》の俠客が起こり、嘘やまことを取り交ぜて、講釈師の飯の種ともなったわけであるが、三馬が「俠《きゃん》太平記」をつくって鳶人足になぐられた時代になっては、俠客の俠の意味がよほど変わってきた。

伊達《だて》、きをひ、いさみ、いき、きゃん、いなせ、などの文字の変化は、やがてこの俠客の意味の時代的移動を順序に示すものらしいが、しかし旋耐庵の『水滸伝』が反訳されてから、「天明水滸」「天保水滸」、何々水滸が頻出したとて、それがどの主人公も、賭博者の群のみであったとすれば、どこに本物の「水滸」と似たものがあるのか。ただ党を組んだのと、河畔にいた長脇差だけの意味ならば、本物の『水滸伝』は正に廂《ひさし》を貸して母屋《おもや》を取られたようなわけだ。

日本の俠客が、よく西洋のシヴリイ（騎士道精神）や、騎士道と比べられることがあるが少なくとも日本の俠客は、西洋人のように女に甘くはなかった。女に甘いのが特色では無かった。すなわち、

「弱きを助ける」

というのが、西洋のように、女を保護する意味に解釈するなどは真っ平であった、ただ、しかし日本の俠客も、後年になるにしたがって、

「強きを挫《くじ》き、弱きを助ける」

という表看板をいつの間にか引きはずして、裏口へ、義理だけにかけて置いたというきらいのあるのもないではなかった。これはまことに困るが、しかし、一流の俠客は、やはりいざといえば他人

のために、火の中、水の中へ飛び込むことを何とも思わなかったようだ。
が、俠客思想を解剖してくると、なかなか複雑で足掻《あが》きがとれない。単に人の急に赴《おもむ》き、人の窮《きゅう》地《ち》を救うだけでは、義ではあっても俠ではない場合もある。何といっても「俠」の中には反抗気分、強く言えば反骨が含まれねばならぬらしい。弱く虐げられる弱者のために、強くて邪悪なものを討伐する。そこに俠の満幅の面白味がある。蓼兒洼の水滸に集まって、もっぱら「貪臣汚吏をほうっ」た百八人は差しあたりその標本でもあろうし、宗綱時代の町の俠客がまたそれにあたる。それに比べれば、水野一輩のように、たとえ邪が非でも、頼まれた以上はどこまでも横車を押すんだといったただっ児の態度は、五段も八段も下落するのが当然だ。要するに、義と、勇と、信だけでは、まだ俠の真俠たるに至らぬ。その上に、血あり、涙あり、人情味あり、正義のためには、どんな強敵にも当たって砕けるという、思いきりの潔さを加えるに至って、はじめて真俠の俠がいく分できあがるような気がする。やはり、日本人でなくては、日本らしい俠客が生まれぬ。

徳川時代が、ことに俠客の発酵地になったのにはわけがある。その由来として封建時代は、支配被支配の領土が厳として区別され、被支配者が、どうしてもその地位から立ち上がれぬほどに、社会組織が固定してしまった時代だ。徳川氏の御治世はこれでますます万歳だ。大名小名がますます豪奢《ごうしゃ》で、諸家の役人がますます無慈悲で、町人や、農民が、訴えも、救いもない生活に落ち込んだ時代だ。

ここに俠客が現れた。彼等は正義を楯とし、生命を弾丸とし、空拳をもって、空のごとき権力と戦おうとする。それは一円も自分のためではない。みな、救いと訴えの無い他の同胞のためにだ。それが都会にあっては幡随院《ばんずいいん》長兵衛《ちょうべえ》となり、夢の市郎兵衛となり、農村にあっては高野の義人なり、佐倉宗吾となる。徳川氏の権力が無上の神力を持てば持つほど、俠客は都鄙《とひ》（都会と田舎）に群生した。権力の圧力が強ければ強いほど、彼等の反抗心も、その割合で跳躍するのだから愉快ではないか。だからあの時代に、仇討ちの多かったのと同じ理屈である。法の制度と、法の保護が完成せぬ時代には、民衆は相互の制裁を相互間で決定せねばならぬ、それが仇討ちである。

かくて俠客は、伸びることの出来ない民衆が、あくまでも正義の判決を求めて、変速な法式を、ある種の人間に象徴させたところの、民衆意志の代表者なのである。政治の民衆化と、法の神聖が普遍してくる時代になって、そうした習俗や人物が出なくなるのは、当然以上の当然でなければならない。

私もかつては、俠客伝研究を志した時代もあった。江原素六翁に、清水次郎長の事蹟を聞いた、麻布中学教室の二時間もあった。この頃生きていた信夫恕水軒翁を、牛込の自邸に尋ねて、新門辰五郎の行為に耳をすました一日もあった。辰五郎は決して一生あぐらというものをかかなかった。また、一生賭博をしなかったという話にも、思いがけない挿話を珍しいと思った。恕軒翁には、辰五郎の碑文として書いた、有名な文章がある。そうした信用すべき知識者の物語を聞くと、講談師が、白々しく張扇から叩き出す、大嘘に腹も立たれる。それだけ、事実談の方が、ロマンスの味わいの希薄なところにも、一つのジレンマがある。なぜなら、理屈を抜きにして、俠客を真の俠客らしいものとして民衆の前に伝えるには、一体どっちに団扇《うちわ》を揚げたらよいものか、ちょっと判断がつかなくなるからだ。

二、侠客列伝

4　大前田英五郎

倉田　潮

一

侠客は封建治下の社会ならびに道徳への反抗であって、この点はなはだよく資本主義治下における社会主義者に似ている。社会主義発生の原因は主義の創案者である人間にあるのではなく、資本主義的社会ないし資本主義的道徳の積弊にあるのである。同様に侠客発生の原因は侠客その人にあるのではなく、侠客の発生を余儀なからしめた社会ならびにその世俗道徳にあるのである。そういうものに対する反動として侠客は発生したのである。

「上州長脇差《じょうしゅうながわきざし》」発生の原因ももちろんこの範疇に入れることが出来る。上州（群馬県）は当時の首府江戸と二十幾里を隔てているばかりで、江戸の情況は旬日を出ずして上州に伝わってくる。しかも風説は常に真実より声が大きい。

当時我が封建政治は末期に瀕して、上下の失政暴虐は百出《ひゃくしゅつ》した。しかも、それが輪に輪をかけて上州に伝わってくる。将軍閨中の秘事さえ、それがほとんど事実に反しているのに、上州においては田夫野人《でんぶやじん》の口に歌となって嘲けられていたくらいである。しかも、この封建制度の頽廃に乗じて、江戸においては資本主義的思想が暗黙の中に台頭していたが、これも風説と同じく、上州まで伝わってくるうちに、いつか極端化されてしまうのである。

「地獄の沙汰も金次第」

という考え方は、当時の上州人の常識であったのだ。これは維新当時、他国人が勤王あるいは佐幕に狂奔していた当時に、高崎付近から早くもすでに多くの実業家を出したことからも分かることである。こういう考え方と、頽廃せる制度とに反抗して立った者が、すなわちそういう社会が反動として生んだ者が、上州の侠客――「長脇差」なので、長脇差は上州の象徴ではなく、上州と全く反対なものの象徴なのである。

すなわち上州人がケチで義侠心に乏しく、当時の圧政にどこよりも反抗力がなかったから、それゆえに上州の長脇差があれほどたくさんに生じて上州の名物になったものである。しかるに、この頃、侠客の碑を建てることが流行《はや》り出して、しかも皆その碑面には侠客の義気をその地方人の特色であるかのごとく記している。しかし、前述のごとく侠客なる者が当時の社会の反動なることを知ったならば、侠客の碑はむしろその地方民の無気力貪欲なりしことの記念碑として恥ずべきではないか。

二

侠客はその社会に対する反動である。ゆえにその行為はほとんどみな建設でなく破壊であった。その当時の制度ならびに社会へ向けられたる破壊であった。大前田（田島）英五郎もまずこの破壊から出発した。

彼は寛政五年（一七九三）に、上州（群馬県）勢多郡大前田村に生まれた。父は農を業とし、草相撲の大関であったことからしても、英五郎の骨格が衆にすぐれていたことは信じられる。しかも、彼は若くして人をひきいる才があったため、盲目の兄とともに一方の親分と立てられていた。が、二十四の時、当時の大親分であった久宮の丈八を切ったのが原因で、それから十数年間諸国を流浪した。

稗史《はいし》（小説）や口説《くぜつ》によると、この流浪の十八年は実に波乱万丈を極めている。そのすべてはとうてい信ずることは出来ないが、しかし、かなり変化があったことだけは想像するに難くない。同時にその間に処して、英五郎がだいたい、

「弱きを助け、強きを挫《くじ》く」

侠客的精神によって動いていたことは確かである。この精神は、すなわち当時の制度ならびに社会への反抗的精神であって、したがって英五郎の当時の行為が破壊にあったことは言をまたない。

古来、侠客の行動は多く破壊に終始している。国定忠治のごときはその最も代表的なものである。

しかし、英五郎はのちにこの破壊の域を脱して、建設の域に歩を進めたのである。その原因――前述のごとく、英五郎は久宮の丈八を殺してから、諸国を流浪して歩いたが、のちに丈八の身内の者ならびに捕吏と妥協が成立して、十八年目で国に帰ってきた。しかし、故郷大前田に止まること数年を出ないうちに、罪を犯した博徒をかくまったことがあらわれて、佐渡ヶ島の金鉱へ流謫《るたく》された。ここにいること四年、天保十一年、将軍家治《いえはる》五十五回忌追善に、

「相因人の手当宜しきに就き御慈悲を以て放免」

されて再び国へ帰ったが、その時はすでに五十に近かったので、今までの波乱に満ちた闘争の生涯が、しみじみ厭になっていたのである。特に最も彼の心に残って忘れられなかったのは、美濃（岐阜県）において代官、大沼藤十郎を懲《こ》らしめようとして遂に死に至らしめた時、藤十郎の女房が幼児を抱いて逃げて行くのを、誤って己を追うものと思い、闇中に二人を切ったことである。

「こればかりは情けないことをした」

と彼は死ぬ時まで、時々人に話したそうである。

英五郎は性来、博徒に特有な強暴な人間ではなかった。たまたま彼のした強暴な行為も、それを翻《ひるがえ》って良く考えて見ると、勢いの不已得《やむをえ》るに発しているのである。また英五郎は圭角《かど》（言語・挙動がかどだって、円満でないこと）の多い上州人に似ず、人間の器が非常に大きかった。

かつて大前田英五郎の名をかたって、諸国の俠客の歓待をほしいままにした彦十郎という者があ

ったが、英五郎は彼と逢ってもすこしも面責せず、他人の前で彼に恥をかかせまいと努めた。彦十郎はその器量に感じて、終生英五郎のために犬馬の労を取ったという。のみならず英五郎には、他の侠客に見るを得ざる識見があった。佐渡の牢獄において、飯場ならびに御用人の私を防ごうとして、木の枡を金《かね》の枡に換えたなぞは、その一例である。この金の枡はそののち近頃まで各地で用いられていたそうである。

こういう人物であるから、血気にまかせて敢行した壮年の闘争を考えて、それを馬鹿らしいことだと考えるに至ったのももっともである。特に前述のごとく、大沼藤十郎の幼児ならびに妻を殺したことは、幾度忘れようとしても忘れることが出来なかった。で、彼は遂に剃髪を決行するに至ったのである。ここに英五郎の破壊反抗の時代は終わる。

三

剃髪後の英五郎は俗事と離れて暮そうと思っていたが、それはとうてい周囲が許さなかった。足跡は全国に普《あまね》く、しかも衆を率いる生得《せいとく》の才があったので、上州一国ではなく、諸国の侠客から盟主として敬われた。それらの侠客と三千余の子分とが、剃髪後の彼に、なお俗事を捨てさせなかったのである。英五郎の名がいかに当時の侠客に敬崇されていたかは、次の一事でよくわかると思う。

安政六年（一八五九）、英五郎が甲州（山梨県）の吉田の駅に、富士登山のために来かかると、その時この駅に中洲の安五郎と伊豆の久八との手打ち（仲直り）があった。両者の争いの原因とその経由は略すが、両者の間に斡旋の労をとった者は、この当時関東一の親分といわれていた館林の虎五郎であった。

手打ちの式は富士の山開きの日に、上吉田の菊井の下屋敷で行われたが、両方の子分が五百人以上も出て非常に盛大だった。英五郎も玄関先に足をとめてその様子を眺めていた。すると、英五郎のいるのを見た虎五郎初め多くの者は白足袋のまま土間に飛び下り、叩頭平身、虎五郎自ら草履の紐を解き、英五郎の足を洗ったので、見物の者は驚き呆れたということである。

かくのごとく衆に擁せられるということが、彼の希望した隠遁の生涯へ入る妨げをした。彼は剃髪のまま依然として侠客の盟主となっていた。かくて、彼はこの全く矛盾した二つの物を、平和と闘争とを、封建制度の末期にあたって、結びつけようとしたのである。侠客をもって、平和を招来せんとしたのである。その考えは今からすれば幼稚であるかも知れないが、当時の時世と英五郎自身の環境よりすれば、早急にその非を浴びせることが出来ないばかりでなく、一脈同情の念を禁じあたわざるものがある。とにかくほとんどすべての侠客が、ただ破壊にのみ終始しているのに、そこから一歩建設の域に進んだことは、当時にあって偉とすべきことではないか。

大前田英五郎の考案した十八士、十哲その他の制度は今は消滅して分からないが、玉村の伊十郎その他の古老の言によると、これはただ空虚な命名ではなく、封建制度の弊を補い、弱き貧しき者を理由なき苦から救う考えのもとに起稿されたもので、卦紙百何枚にわたる条書があったとのことである。英五郎は封建制度を、その弊を十分知っていながら、大体において認めねばならない境地にあった。否、彼の眼はそれほど上にあったのではなく、今少し実際的に、今少し下にあったのである。彼はロマンチストではなく、実行家であったのだ。理想主義者ではなく、現実主義者だったのだ。しかも、この頃の彼は直接行動を排して、平和的手段によってことを解決する、理知に傾いていた。箇条書きも皆この旨意に出ていたとのことである。ただ悲しいかな、維新の時、焼きすてられたので、この箇条書きは、今からしてはほとんどうかがい知ることが出来ない。ただ、

「喧嘩をするのは、気が足りねえからだ、底をぬいて話し合って見ると、世の中に仇敵は一人もねえ」

と、英五郎が老来酒などを飲む度に、よくそう話したという伊十郎の言葉から考えて見ると、壮年時代にあれほど争闘をこととした英五郎が、いかに老後に変化したかが分かるではないか。おそらく、これが英五郎の老後の心境であったのだろう。

河川の上流中流は破壊であり争闘である。岩をくだき、岸を崩して直進する。英五郎の中年も実にこれに似ているところがあった。しかるに河川の下流は建設であり平和である。中洲を建て、土砂を両岸に積んでおだやかに流れる。英五郎の晩年もよくこれに似たところがあった。そして、中流の破壊が烈しければ烈しいほど、下流の建設と平和とは大きいのである。壮年時代に烈しき争闘をこととした英五郎は、老来洋々たる平和の内に住んで、ついに明治七年、八十三歳で永眠した。

法号は勤光院得壽英翁居士、墓の高さ六尺、五百余名の施主の名が彫り付けられてある。

英五郎は侠客として、日本一の大親分の名があるが、侠客より他のことに向けても、優に一流の地位をかち得る人物であった。上州の長脇差の間にあっても、佐渡の苦役においても、数年の中に彼は人の上に立てられる貫禄を持っていた。また名古屋の大火の時にあるがごとき、かなり超人的な行為をもなし得る資質を持っていた。（名古屋大火の節、褒賞として受けた、あられの袖無羽織、熨斗目、五郎正宗在銘の刀等は今なお養子、田島揚吉方に残っている）。これらのことより考えて見ると、彼は一流の人物であるばかりか、一種の英雄的風格を持った人物でさえあったのである。しかし、悲しいかな、環境に支配されて、その良質を一層よき方面に使うことが出来なかったのは、惜んでも余りあることだと思う。

5　国定忠次

筑波四郎

一

大気の変動は、人心に影響する、たとえば、大気の平穏は、人をして、自ら抑制せしむる力を与えるが、しからざる場合は、その力を失わしめると、心理学者は、そう説いている。しかし、これは、常識でも、うなずけることである。

国定忠次を産んだ上州（群馬県）は、三山（赤城《あかぎ》・妙義《みょうぎ》・榛名《はるな》）の吹きおろし、俗にいうカラッ風が名物である。忠次の性格は、無論そうだが、上州気質と称するものは、このからっ風を背景にして、はじめて了得される。したがって、忠次が、いかなる人物であったかを知ろうとするのは、からっ風を前提として考察すべきである。秋のはじめから冬の終わりにかけて、吹きまくる強烈な風は、たしかに、のびやかな、ゆったりとした、寛弘大度の性格をもつ人物を作り出しそうもない。もちろん、そういう人物もないことはない。だが、あるとすれば後天的に訓練された結果と見て、誤りはないようである。

興味あることは、かつて、風と道徳とについて、十二年間精細に研究したアメリカ人がいる。それによると、大気の変動によって影響をうけるのは、男子よりも女子に多いという結果を見出した。一般に、上州に〝嬶天下《かかあでんか》〟と称して、女性に、男まさりのものが多いことも、あるいは、そんなためかも知れない。『人国記』の筆者がいうように、同じ上州でも、東と西とは、その気質において、多少の相違がある。だが、風の影響を受けていることには、かわりはない。精悍な、果敢な、そして殺伐な忠次の性格は、この風の影響をうけていると、私は信じているのである。

二

忠次に関する文献は、そうたくさんはない。私の知る限りでは、羽倉簡堂、依田百川、高橋碩城、それくらいのものであろうか。上野の図書館で、写本になったものを読んだことがあるが、筆者の名を逸してしまった。

講談には「嘉永水滸伝」のほかに、「為朝忠次」「馬方忠次」をはじめ、五、六種はかわり種がある。忠次が為朝の入墨をしているというのや、忠次は馬方《うまかた》をしていたというのや、いろいろあるが、皆いずれもチャラッポコだ。

来山という講釈師が、忠次の世話になったことがあるというゆえ、死後、張扇ででっちあげたものが、今日、伝わっているのかとも想われる。

群馬県令であった佐藤興三氏（明治十七年七月から十九年七月まで在任）が、国定忠次贔屓《びいき》で、当時の佐波郡長大野利信氏に命じ、忠次の事蹟を調査させた。そのころは、忠次の愛妾《あいしょう》であった菊地とくが健在で、大野郡長は、さっそく彼女を郡役所へ招いた。

とくに、男まさりで、弁口爽やに、淡々と弁じ立てたといっている。で、すっかり忠次に関する事蹟をしらべあげ、一本は県令へ、副本は郡役所へ保存することにした。

これは、伊勢崎にいる大野氏の話である。しかし、郡役所に保存されたものは、もうとうに紛失している。佐藤氏の遺族でも、保存していれば、どうかと思っているが、これも望みはなさそうである。

「あなたは、直接、とくをお調べになったことですから、まだご存じでしょうが……」

私は、質問してみたが、

「四十余年も前のことなので、記憶がない」

ということであった。

「ただ、今でも耳に残っているのは、おとくが忠次の介添として、奉行所の御白洲へ出た際、おとくは、その方は忠次の妾かという問をうけ、いいえ、忠次がわたしの男妾でございますと答えたということである。それからもう一つは、忠次はおかみの追捕がきびしいので、中気《ちゅうき》（中風《ちゅうふう》）になる前は、旅から旅へ出ていた。そういう場合はたいてい山越しである。足に負傷をしても、治療をする隙がない。多く、そのままにしておくので、足の指が、どの指かしらぬが、固着してしまったというおとくの話である。……今、思い出すと、これくらいのことである」。

はなはだ心細いわけで、これ以上の材料は、得られなかった。

国定村には、忠次の甥に当たる長岡利喜松老人が、まだ健在だが、忠次が処刑される頃は、わずか四歳の幼童である。したがって、老人の話も、又聞きのことが多いから、ずいぶん、話の筋は、チグハグしている。どの程度まで信用してよいか、聞く方で斟酌《しんしゃく》せねばならない。

三

忠次が処刑されたのは、嘉永三年（一八五〇）十二月二十一日であった。

妻妾子分等とともに都合九人、捕縛になって、伊勢崎町料理店銭屋が当時調所であって、そこへ引き出された。渋沢和四郎係りの下に、一通りの下調べをうけた後、護送され、江戸についたのが同年十月十九日、勘定奉行池田播磨守掛りにて、取り調べを受けた。斬罪の宣告文は、次の通りである。

上野国佐位郡国定村

無宿　忠　次　戌四十一

此者儀、無宿の身分にて、長脇差を帯び、又は合口等所持、博徒共を数多子分にいたし、上州田部井村たつ宅、其外最寄国々、野田、山林等、又は右村宇右衛門と中合せ、溜井浚に事寄せ、横行に小屋場取立、同類手合致し、筒取貸元に相成、博奕相催、元居村清五郎無宿安五郎等へ代貸元を為致、其節寺銭或は上げ銭と名付、金銭請取、其上博奕渡世頭取或は差配と唱え、此者へ無沙汰に博奕共寄合、博奕相催候節は、長脇差を帯び踏込、其場に有之金銭奪取、安五郎へは右差配を免し、所持の駒札一ト通り呉遣し、又は無宿佐与松儀、手目博奕いたし、村々百姓共を歎き、多分の金銭掠取候趣承及、博奕渡世風義に拘り候抔申聞、首代と名付、金子為差出、殊に子分の内無宿蔵儀、博奕賭銭取引の儀に付、無宿伊三郎と口論の上打擲に逢い、残念の由咄聞候を承、子分の者左様打擲請候を打捨置くは、伊三郎の強気に臆す抔と他の嘲を請るも口惜儀と心得、右憤を可為晴と文蔵へ及助力、境村地内に於て同人倶々伊三郎を及殺害、追て右文蔵儀、関東取締の者に被召捕候節、文蔵を可取戻と多人数申合、得物抔携、右出役旅宿三ツ木山迄押参り、又は右田部井村八宅借請、同類其外呼集、賽博奕相催候砌、兼て此者兄弟の契約いたし置候無宿浅次郎並同人子分の者共も、不審の儀と致居候折柄、取締出役捕方として立越候ことゝ右宇右衛門為知に驚き逃去候え共、其節浅次郎伯父八寸《はちす》村勘助儀、右出役道案内に罷越候由、近々承込、右は浅次郎及変心、勘助へ内通致候より同人差図にて、右体手配に相成候儀と疑い、浅次郎を呼寄せ、右次第を以って相咎め、其分に難差置、若存命に罷在度存候はゞ、勘助首級を携参り申被可致抔と強勢申掛候故、浅次郎儀終に勘助を及殺害候儀に相成、剰へ無宿長兵衛儀、信州路に於て中野村忠兵衛伜平七に被及殺害候趣承込、仇討可致と子分の者共数多引連、槍鉄砲等携、押参り候砌右道筋、大戸御関所有之、往来差支候迚、右御関所を除き、山越致候段、不恐公儀致方、殊に、右体悪事に及候身分、召捕方探索を相可逃、取締出役道案内等心得居候共へ金子相送り追々病気に付、右宇右衛門方へ罷越、養生中兼々懇に致居候同国五目牛《ぐめうし》村仲右衛門養母にて、其砌妾同様に致置候まちを呼寄せ、着病為致、隠れ罷在候始末、旁々重々不屈至極に付、磔に行うもの也。

御白洲に出た際は、忠次は、中風で呂律がまわらぬ故《ゆえ》、たいてい、おとくがかばって、例の雄弁でまくしたてたと、おとく自から語っていたとのことである。これも大野氏の話談の一節である。

ところで、この宣告文を見ると、忠次の犯罪行為はのこらず列挙してある。

(1)田部井村のおたつというのは、忠次から盃をもらった子分の一人で、のちに相生に移って車屋をしていたといわれる。

(2)宇右衛門は、田部井の名主西野目宇右衛門を指す、忠次が中風になってのち、かくまってくれた恩人である、国定地方の伝説では、最後には、この宇右衛門が、金に眼がくらんで、自らかくして置きながら、官へ訴え出たため、忠次は捕まったのだといっているが、この説は信じられない。

(3)清五郎は、忠次が捕縛になる際、一緒に捕えられた子分である。

(4)安五郎は、境川の者で、腕もあり、度胸もあり、子分のなかでも切れ者らしかった。この宣告文にも、のちに、駒札を渡したとあるが、駒札をわたすのは、つまり縄張をゆずることなのである。

（5）浅次郎は、下柱木の者で、芝居や講談に出てくる板割の浅太郎というのは、この男をさしている。

（6）長兵衛は、依田翁などは、「兆平」の字を用いている。国音相通ずるためであろうが、前者が事実らしい。

（7）おまちは、やはり忠次の妾の一人で、容貌《きれい》自慢であった。性質もまた素直で、おとくとは、まるで反対の性《たち》だった。これには五目牛とあるが、田部井の者だと聞いている。忠次捕縛の際、同じく縛について、江戸へ差し送られた、彼は、本妻お絹のほかに、この二人の妾を囲っておいたのだった。お絹だけが、のがれて、奥州平《たいら》に落ちのびて、明治九年三月二十一日、忠次の命日に平で死んでいる。

次の罪状の中、大戸の関を破ったのが、最も重罪であったため、この罪科により、彼は磔刑に処せられた。関所破りの模様も、百川翁などは、忠次が大手をふるって、槍鉄砲をかついで、堂々と関所の前を通り過ぎた。関所役人も、その勢に恐れて手が出せなかったように記しているが、これも嘘だ。

彼は、子分をつれて、高崎寄りの大戸手前の部落、荻生《おぎう》から関所の裏山をこえて、本宿《ほんじゅく》に出たのである。

大戸は、今でこそ山間の僻村だが、旧幕時代は、江戸から草津温泉に出る街道で、高崎より九里、相当に賑わった宿場である。加部安という酒屋があって、ここで売り出す「牡丹酒」は、草津帰りの湯治客が、江戸へ土産に買って行ったものだと故老は語っている。

私は、忠次の処刑を目撃したという二人の老人に会っている。その一人は、八丁目芳之助といって、間野喜三郎の子分、忠次が処刑される年に、渡世人になったのだといった。もう一人は、荻生《おぎう》の大塚政五郎老人で、忠次処刑の頃、わずかに八歳、忠次が江戸から送られてきたぞと聞いて、お寺へ手習いに通っていた腕白共と一緒に、杭の上へのって、物々しい行列をながめたと語った。

処刑の日には、子供は、一切外出を許されなかったが、彼は、こっそり家をぬけ出し、現場へかけつけた。刑場は、竹矢来をもって囲み、荻生、大柏木、本宿、須賀尾、大戸五個村の各家より一人ずつ男が出て、義務的に見張りの役を承《たまわ》った。今、大戸の宿はずれに、地蔵が立っているが、その少し背後に、ここにも小さな地蔵と標木が立っている。磔柱は、そこへ立てられたのである。この刑場のすぐ下の渓底に吾妻《あづま》川の支流が鳴っている。川の向こうは、山また山、手前の道路をへだてて、小高い芝生の平地があり、検視の役人は、ここに床几をすえたといわれる。

政五郎老人が、かけつけた時には、もう処刑がすんだ跡だった。槍の突先がわるかったためであろうか、がっくりと首うな垂れた忠次の横腹の傷口からは、黒い血に滲んだ腸がだらりと露出していた。

八丁目芳之助は、処刑を目撃したが、何でも、ぐさと、槍が一突き入ると、血が、弧線を描いて、スーッと虚空に迸《ほとばし》り出たのを覚えているといった。

政五郎老人の話では、

「聞きほど身のかくされぬ蛍かな」

というのが忠次の辞世だ、それからまた、

「一本なら沢山に、金が身につく暮の鐘」

というのが忠次の辞世だといった。千両箱を一本と数えた故に、金が身につくと、槍でつかれて死ぬ意味に引っかけたのだろうが、語呂が少しおかしい。老人の誤記であろう。辞世があったということは、伝えられているが、ハッキリしたものが得られない。

四

ここで問題なのは、忠次が、盗みを働いたかどうかの一点である。簡堂も、「劇盗」の文字を用い、百川も「侠盗」と形容している。

芳之助は、西部上州に覇を唱えた間野一家に属するが、私に向かっていった。

「忠次は、講談や浪花節で偉くしてしまいましたが、あれは俺どもから見ると、風上に置けません。なぜって、侠客の二字を忘れて、賊をはたらいていています」

憤《いきどお》りをもらしていたが、果たしてどんなものだろうか。断罪文で見ると、博奕、脅迫、殺人、傷害、関所破りの犯罪であって、盗賊を働いたことは挙げていない。

御用金を途中で掠奪したとか、代官を殺害したとかいうことは、どうも訛伝《かでん》と見るのが至当《しとう》らしい。

なお、断罪文には、捕縛出役に向かった捕手や案内人を買収したと見えているが、この手は、必ずしも忠次一人が特に実行したわけではない。無宿者は、みなこれらの上役人に、鼻薬をかがせていたのが常習で、この遺風は、明治中葉頃まで残っていた。今日といえども、あるいは、そんなことがあるかも知れない。

だから、忠次が捕《つか》まらなかったのは、もっとも千万《せんばん》で、捕えに行くから、逃げろと、先へ通牒を発し、公儀の手前、形式だけ物々しく騒ぎ立てたにすぎなかった。それに、縄張内の百姓には、平生、恩恵を施してあるので、何かにつけ忠次を庇護したのはいうまでもない。これでは捕えようとしても、捕えられるわけがない。何のことはない、千葉の鬼熊狩りと、同一轍である。

私の所に、筑波の侠客泉の島吉が、野州戦場原事件で、奉行所へ差し出した答弁書があるが、それにも、出役々人へ袖の下を遣った一条に対し、苦しい弁解をしている。

当時の八州廻りにしても、代官所の小役人にしても、たいていは、この鼻薬で左右されていたものと思われる。

百川翁は、忠次が国越えをして、蹤跡《そうせき》を晦《くら》ましたという事実はない、赤城山下の百姓が、これを隠匿していたので、彼かつて山を出でずという説もあると、書いている。これは少々穿《うが》ち過ぎた流説のようである。ただ、彼には、彼のために弁ずる適当なる保護者がなかった。

たとえば、大前田英五郎のごときも、ずいぶん暴れちらしているが、彼には、儒者大島類軒がついていて、何かと彼の便宜をはかったため、郷土に落ちついていられたわけである。また、清水の次郎長にしても、山岡鉄舟が、陰になり日当《ひなた》になりして、彼を保護していたため、その救助を受けたと信ずべき理由がある。

彼は、孤独だ、一本立ちだ、どこへ行っても、国定の忠次だ、もし、彼のために、彼を保護し、援助し、後立てになって働いてくれる者がおったなら、非業の最後をとげずとも、畳の上で天寿をまっとうしたかもしれない。もっとも、そこが、彼の彼たるところであったともいい得るのである。

五

忠次の処刑は、寒《かん》の最中だったので、死骸を埋める時には、かちかちに凍っていたが、磔柱は、削って煎服すると、中気が癒るというので、しまいには形なしになったといわれる。処刑の際、首にかけていた念珠は、林部善右衛門の従者三次に与えたが、これも、首にかけると、中風のまじないになると、みな三次から借りうけたといわれる。

愛妾《あいしょう》のおとくは、忠次の腕を持ってきて、伊勢崎の菩提寺善応寺へ納めた。見張番の隙をうかがい、磔柱にのぼって斬り取ってきたというのは、芝居じみていて面白いかもしれぬが、そんなことはなし得られるものでない。見張番に袖の下でも使ったことであろう。今、善応寺に残っているのが、それだそうである。

私は、住職二橋晃阿氏に会って、その腕骨を見せてもらった。金襴の布地にていねいにつつんで、長方形の箱に収めてあった。八寸位の長さで、ナイフで削った跡がある。これも、中気《ちゅうき》（中風）の薬として誰か呑んだのだろうと、二橋氏はそういっていた。

この寺には、元、おとくの立てた一基の墓石があった。しかるに、いつからとなく、墓に詣でる者が多く、はては、「忠次大明神」と崇め奉り、中風患者や博徒が引っきりなしに寄ってくる。余りそれがはなはだしかったため、警察から墓石の取り払いを命ぜられてしまった。今では、おとくの寺に収めた位牌だけが残っている。表には、

「長光院遊道花楽居士、嘉永三戌《いぬ》年十二月二十一日」

とあり、裏には、

「日牌料金五両納之、五目牛村施主菊地とく」

と、刻んである。

国定村の常楽院にある忠次の墓には、「長岡院」とあるが、光と岡と国音相通ずるので、どちらかが誤ったのであろう。これは、忠次甥権太（利喜松氏の兄）の建てたもので、やはり石を削ってゆく者があると見え、墓石裏の文字が欠けていて、ハッキリと読めなかった。

君氏長岡通称忠次郎、上野国佐位郡国定村之産、為人倜儻不羈、好游侠、適為博徒数百之魁、然恒以砕剛挫弱豪賑貧為心、其恵恤侠於郷村、大侠之声聞于郡国、適有（此間二行欠、文字不明）

如俗所謂水滸之人物、而時如水滸之時勢相似、真為可惜之儔也、仏謚曰、長岡院法誉花楽居士、君妻鶴子以明治九年十月二十一日歿、仏謚曰、長最院鶴誉妙鏡大姉、年六十九、嗣子権太建石、
実君従子也。

すなわち、一般に「国定忠次」で通っているが、彼の本名は、「長岡忠次郎」というのが、本当である。

この碑文だけで見ると、一向に忠次の真骨頂が現れていない。倜儻不羈《てきとうふき》（才気があってすぐれており、束縛されない）では物足りない、また、剛を砕き弱を挫くというのは、侠者として当然なことである。

それなら忠次とは、どんな人物かということになる。

足利の勤王画家田崎草雲の描いた忠次の肖像が、この頃、現れたが、あれは最もよく忠次を写しているように思う。忠次は中風にかかる位だからでっぷりと肥満していた、色白な凛々しい男だったといわれる。その風貌が、この肖像に躍如として閃いている。袖をたくしあげ、長刀を握って片足を立てて、座っているところがいかにもその人らしい。

伊賀流の構え方である。高橋硯城によると、忠次は子分に向かって、立膝をして飯を食うな、お百姓に申し訳ないと戒めていたとあるが、事実どんなものだろうか。彼等の生活は、二六時中、緊張したものでなくてはならぬ、それには立膝をしていることが、一番有利で、いざという場合に、

立ち所に刀がぬけることになる。きちんと正座していては、刀は抜けないのである。そこで、伊賀流では、食事をする際にも、立膝をせよと教えている。

忠次が、何も伊賀流によったわけでは無論あるまい。だが、石火刀杖の中に、幾度か、徂徠《ゆきき》して、自然に会得したものに相違ない。

従って、子分にむかって、不用意千万な態度をせよと、すすめるはずはない。私は、この肖像を見た際、特に、そういう感じをもったのである。

彼の精悍な、果敢な、意気は、彼の剣法に、最もよく現れている。

「人を斬るなら唐竹割《とうちくわり》でゆけ」

こういうのである。左の腕なら、相手にくれてやってもいい、そのすきに、相手の一命をここへ貰ってしまえというので、喧嘩の際は、常に、上段構えであった。

上段構えは、すきだらけの構えだが、一命をなげ出してかかる彼には、すきもへちまもない。進んで敵を倒すか、敵に倒されるか、二つに一つである。

子分にも、喧嘩の要領を教えている。それによると、どこへ斬り込むとか、こう構えるとか、そんな注文をつけず、一気、直ちに敵の腹を刺せといっていた。下手な奴は、斬るより刺す方が、有力だということは、一刀流の覚書にも、千葉周作が述べているが、これも、彼が喧嘩の間から発明したものらしい。

西郷南洲が、京都相国寺に泊まっている頃、朝夕水仕事の手伝いをした小林虎吉に、

「お前などがもし、大敵に出会したら、刀などふりかぶるものでない、刀を上段に構えると、下手なものに限って、必ず隙が出来る。こういう際には、両手で刀のツカを強く握って、どうでも構わぬから、向こうの奴をグイグイと突くに限る」

と、語ったとある。それが丁度、忠次の子分に教えた要領である。

だいぶ、話が物語になったが、忠次らしい訓練の仕方ではある。

忠次が第一回の国越えをしたのは、天保五年（一八三四）二十五歳の時、磔刑に処せられたのは嘉永三年（一八五〇）四十一歳の時、して見ると、彼が一剣八州に名をとどろかせたは、僅々《きんきん》十七年間の日子《にっし》に過ぎない。その間に、ともかくも、あれだけ、波乱のある生涯を送ったのは、一に、彼の慓悍《ひょうかん》（荒々しく強い）決死の性格から出発している。私は、そう信じている。

（注　国定忠次の表記は原著のままとしました）

6　相政伝——相模屋政五郎——

邦枝完二

一

神鳴治助という渾名《あだな》のあった私の祖父は、相政と同じく、大名や旗本の厩へ、人入れを家業にしていた江戸ッ子だったが、死ぬまでただの一度も「痛い」という言葉を口にしたことがなかったそうだ。もちろん不死身ではなかったのだが、いつも「痛い」というかわりに「うむ」と大きな眼を見開いては我慢したのだという。この祖父は、文化七年（一八一〇）の生まれだから、たしか相政とは、二つしか年が違わなかったろう。なんでも相政は、文化五年の秋の生まれだと思う。祖父はよく、死んだ父に向かって、こんなことをいったそうだ。

「江戸にゃア幡随院長兵衛の昔から、侠客といわれる人間が箒で掃くほどたくさんいるが、ほんとうに侠客といっていいのは、箔屋町の相政の他にあるめえ。相政の腸《はらわた》は、五月の鯉の胆ッ玉より生《いき》がよくって、玉川の水で洗ったように綺麗なもんだ。お前もこれから先、なんになるにしても、あの腹だけは手本にしねえよ」

祖父と相政とは、家業が一つだったばかりでなく、互いの気性がよく似ていたらしい。それゆえ月に一度は、平河町の祖父の家へ、必ず遊びに来たものだ。そのたびごとに、まだ年のいかなかった父は、この人の腸が、そんなに綺麗なものかと思いながら、穴のあくほど相政の顔を見詰めたそうだ。

「恰幅《かっぷく》のいい、いやみのない強そうな人だった。明治十五年に、息子の道之助さんに世を譲って、新富町へ隠居した時は、ちょうど七十五だったが、意気ないいお爺さんになっていた。おれが二十八の年で、祝物を持って行くと、済まねえ済まねえって、ひどく喜んだのが、いまだに眼についている」

父は晩年に、たまたま相政の話が出た時、こんなことを私にいった。そしてその隠居の披露には、餅を搗《つ》かせて千余軒へ配ったが、しかも、芸人、料理屋、船宿等には一軒も贈らなかった、という話もした。それは、祝物を芸人や料理屋へ贈って返しを受けては、相政のやつ、隠居に事寄せて、花会をしたと言われるのが辛い、というのだった。心あるものは、この相政の意遣《こころづか》いを賞《ほ》め千切《ちぎ》った。

二

相政は、芝口二丁目にあった同じ人入家業、大和屋定右衛門の次男に生まれたのを、京橋白魚屋敷の相模屋幸右衛門に見込まれて、養子になった。この時政五郎は十三歳だった。たいていの侠客といわれる指折りの人がそうであるように、政五郎も少年の頃は腕白《わんぱく》で手が付けられなかった。が、弱者の味方であるという気性は、その頃から人一倍強かった。

　相模屋方の養子になったその年の十二月、ふとしたことの間違いから、実父の定右衛門が入牢の身となった。すると政五郎は養父に乞うて、一年の間芝口の実家へ帰り、そこから虎の門の琴平神社に、連夜丑の時詣りを続けて水行を怠らなかった。ある雪の夜だった。いつもの通り参詣を済ませて、ただ一人久保町の原まで来た政五郎は、ふと葉茶屋の軒下に、三十歳余りの女と、十ばかりの女の子とが、寒さにふるえて、うずくまっているのに出会った。女は癪《しゃく》(激痛)に悶え、その子は途方に暮れて泣いていた。――政五郎は、つかつかと母子の前へ寄って行った。

「小母《おば》さん、どうしたんだ。お腹《なか》でも痛いのかい」

「はい」

と女は苦しそうに顔を上げたが、切れ切れに身の上を物語った。それによると、女は大阪生まれで、義太夫語りの亭主と親子三人がはるばる江戸へ稼ぎにきて、久保町の近くに宿を取っていたが、稼ぐ間もなく亭主は大病に罹って、多くもあらぬ路用はもとより、髪飾《かみかざり》から衣類まで残らず売り払い、その上宿には借金が出来て、今はなんとしようもなかった。しかも宿の主人は、金が返せずば直ぐに出て行けという無理難題に、雪の夜道の、当てのないのは知りながらも、金の工面に出かけた途中、薄着の肌の堪え難く、意地も根も尽き果てて、このありさまとなったのだった。

　政五郎は女の言葉を聞き終わると、すぐに襦袢《じゅばん》ぐるみ着物を脱いだ。折からの風に吹きつけられた雪が肌に氷って、思わず胴ぶるえのするのを覚えた。が、政五郎は我とわが腹の底に力を入れて耐えたのだった。

「じゃア小母さん、この着物とお銭を上げるから、持ってくといい」

女は黙って政五郎を見上げた。

「いいんだよ。おいらァ寒くったって、家はじき近くなんだから、構やァしねぇよ。さ、風邪を引くといけねぇから、速く着て帰るといいや」

この言葉が終わるか終わらぬうちに、政五郎は突然雪の中をまっしぐらに駆け出した。背後から女の呼びすがる声が聞えたが、政五郎は、振り向きもせずに家へ帰った（二十年後にこの時助けた娘お栄のために、相政は呉服橋内の松平修理太夫の大部屋で、大きな辱《はずかし》めを掻《か》かされるところを救われたのも、何かの因縁だといえよう）。

三

天保九年（一八三八）の三月、相政が三十の年だった。常盤橋内に邸《やしき》のあった松平筑後守は、十二代将軍家慶公の御側御用お取次出頭を勤めて、当時飛ぶ鳥を落とすほどの勢いであった。

この邸に出入りをしている馬術家の岩波力次は、かねて相政を贔屓《ひいき》にしていたが、ちょうどその月の五日に、松平邸では、庭普請が出来上がった内祝いをかねて、家来のほかに、日頃出入りの者を招《よ》んで、盛んな酒宴が催されることになった。岩波は、いつかいい機《おり》に一度相政を、筑後守の目通りに出して、邸《やしき》への出入りをさせてやりたいと思っていたので、この時だとばかり相政方を訪れて、明日の祝日に、供をしてはどうだと訊ねた。もとより拒むわけのない相政は、二つ返事で岩波に尾いてゆくことを諾した。

当日外《そと》から同邸に招《よ》ばれたのは、三十人の人数だったが、馬術家が、その大部分を占めていた。桜花が雲のように咲き乱れた庭に面した大広間は開け放たれて、酒宴の席は、朝から客を待っていた。芝居の酒宴をそのままに、正面には筑後守が座し、その左右には侍女達が居列んで、二間ばかり隔てた下座《しもざ》に、馬術家達が着座していた。――相政ははるか末席の廊下の際に、頭《こうべ》を垂れて座っていた。

手品師の奇芸。踊り子の手踊、それらが次から次へと進んでゆくうちにも、盃の数は矢のように人々の間を巡った。殊に日頃酒好きの筑後守は、盃の干く間もないまでに鯨飲《げいいん》した。ちょうど手踊が済んだ時だった。筑後守は突然一座を見渡していった。

「どうだ、一同順に隠し芸をやってみよ」

太平の民の、もとより一芸は身に覚えのある連中は、ここぞとばかり起こって踊り、あるいは侍女に三味線を弾かせて、節おもしろく唄った。岩波は二人の門弟とともに、国自慢の金山踊をやった。酔眼朦朧として見ていた筑後守は、膝を叩いて喜んだ。これが済むと、ひとわたり侍女達の踊りがあった。いずれもその手振りは見事なものだった。

と、この時だった。盃の中から、廊下にいる相政を見ていた、筑後守はいきなり大きな声で叫んだ。

「これこれ、そこにいる町人。その方も何か一芸やれ」

相政は、

「はい」

と答えて廊下に額《ひたい》を擦り着けた。が、実のところ生れつき器用でない相政には、芸と名のつくものは、何一つとして出来なかった。

「殿様の仰せに背《そむ》きまするは、まことに面目次第も御座いませぬが、相政奴は生来の無骨者にて、仕るべき遊芸の嗜みが御座いませぬ。平にお赦し下さいまし」

が、乱酔している筑後守は、なかなか聞き入れなかった。

「遠慮はいらぬ。よいからやれやれ」

と再三もどかしそうに膝を叩いた。

しかし相政は、ただただ板敷に頭を擦り着けるほかには、術《すべ》を知らなかった。

「町人、そちは余の命に反《そむ》くのか」

筑後守の声は鋭かった。しかもこう叫んだ筑後守は、突然席を立って、政五郎の側に行くと、いきなり髷を摑んで、ぐっと面《おもて》を上げさせ、その上顎《あご》に足を掛けて、力一杯引いたのだった。

見る見るうちに、相政の血相は変わっていった。そして怒れる眼は、隼のように筑後守の面《おもて》を睨んだ。

「どうじゃ。これでも芸はせぬか」

「知らねえものは、出来ねえんだ」

相政の声は、広間の隅から隅まで響きわたった。岩波をはじめ近侍の人達は、この出来事に身をふるわせているばかりだったが、しばらく筑後守をなだめて、元の座に着かせた。が、相方共に、怒りは容易におさまるとは見えなかった。

「町人、芸が出来ずば酒を飲め」

暫くして、筑後守は侍女に命じて、一升入の大盃を政五郎の前に運ばせた。

「うむ、酒なら飲まねえこともねえ」

相政は強く頷くと、侍女が満々と注いだ一升の大酒《たいしゅ》を、息もつかずに飲み干したのだった。流石《さすが》の筑後守も微笑した。

「ほう、天晴れじゃ。その勢いで、もう一献重ねぬか」

「重ねろと仰しゃるなら、重ねもしましょう。だがともかくも、御返盃をしてからだ」

相政は侍女に満々と注がせると、さっと腰刀を抜くと見る間に、おのが左手の小指をぷッつり切って、生血のしたたるのを、平然と盃の中に投げ込んだ。そして一同が茫然としているのを尻目に掛けながら、筑後守に対していった。

「殿様、これを御覧下せえ。相模屋政五郎は、卑しい町人でも男で御座んす。人入れ元締を家業にしているからは、憚《はばか》りながら太鼓持ちは致しません。どんな時でも、五分《ごぶ》も後へは引いたことのねえ相政の、男の生血《いきち》がはいった盃、どうぞお受けなすって下せえまし」

今はもはや、筑後守もまったく酔が醒め果てて、なんとすることも出来なかった。政五郎の苦笑を背に受けながら、そうそうとして奥に去った。

翌日、相政の家へ、松平家から使者が立った。それは前日の暴挙を詫びるとともに、政五郎に二人扶持を与えて、永く人入れの出入りをさせるからということであった。が、相政は、頭からこれをはねつけてしまった。そしてこういい足した。

「仰せは有難う御座いますが、扶持が欲しさに指を切ったといわれては、政五郎の男が廃《すた》ります。指一本を切って二人扶持なら、双の指を残らず切っても、わずかに二十人扶持で御座んしょう。扶持が欲しさに片輪になったと笑われたかァありません。きっぱりお断り申しやす」

使者はすごすごと帰って行った。

四

弘化三年（一八四六）端午の節会《せちえ》。この日相政は、遠山の金ちゃんこと、北町奉行遠山左衛門尉の推薦によって、土佐二十四万石山内容堂公のお出入りを仰せつかった。相政は後々までも人に語ったというが、この時くらい嬉しかったことはなかったそうだ。

ただ、これに因って相政には一人の敵が出来た。それは土佐公への先のお出入り仙台屋与五郎であった。仙台屋はその以前から、永い間山内家への人入れを一手に引き受けて、豪勢な暮しをしていただけに、相政に華客《とくい》を取られたということが、どれほど口惜しかったか知れなかった。しかし相政も、素手でこの大華客《おおとくい》を取ったわけではなかった。のちに遺恨があっては面目ないと、五百五十両の金を仙台屋に渡して、きれいに片附けたのだったが、与五郎には未練があった。

　京橋南槙町の割烹店梅松屋で会のあった、その帰りがけだった。相政は卯之助という子分一人を連れて、南槙町まで来ると、突然物影から十人ばかりの覆面の男が現れて、物をもいわず、白刃を抜き斬り掛かった。星明かりで、すぐさまそれは仙台屋の子分、又助、建蔵等であることがわかった。

「野郎、卑怯な真似をするな」

　しかし仙台屋の子分達は、一言も発しなかった。相政と卯之吉とは、左右から斬ってくる敵を相手にして、小半時も戦った。夜が更けていたのと、月が落ちたので、この喧嘩も誰も気付く者がなかった。相政はこれまで、唄や三味線は習わなかったが、剣術は十五の年から正式に学んでいた。それがために、この喧嘩では、既に四人の者に手傷を負わせ、一人を袈裟掛けに斬り倒した。卯之助も左手に軽傷を負いながら、二人の敵を斬った。

　敵はかなわないと見ると、急に浮足立って背を見せはじめた。卯之助は刀を振りかざして、あくまで追って行こうとしたが、相政はしきりにこれを止めた。

「明日《あした》は仙台屋へ斬り込んで、与五郎はじめ子分のやつらを皆殺しにしてやるから、今夜は長追いするな」

相政は刀の血糊を拭ってから、深手を負った敵の一人を引き起こした。

「苦しいか」

「へえ」

「意気地《いくじ》のねぇ奴だ。卯之、ほかの奴らは逃げたからいいが、こいつァ放《ほう》っても置かれめぇ。お前家《めえうち》まで負《おぶ》ってやれ」

卯之助はイヤともいえずに、その男を背負った。

だれの口から洩れたか、この喧嘩の話は、夜の明けぬうちに評判になった。相政が一人で、仙台屋の子分を十人も斬り殺した、というような、誇張した噂が伝えられた。

これを聞いて驚いたのは、神田多町二丁目の福島屋小七、亀井町松川屋八郎兵衛、同町福島屋平六、木挽町二丁目山形屋重助、麴町平河町の馬屋の治助、佐柄町の三河屋市太郎等の元締だった。一同は早速顔を揃えて、相政と仙台屋との間へ仲裁に入った。このことがあって間もなく、仙台屋は家業を西久保葺手町の同業萬屋伝七に譲り渡して、ひそかに故郷へ帰ってしまった。太ッ肚の相政は、仙台の子分をことごとく引き取って自分の子分にした。

五

小金井小次郎が、三宅島へ遠島になったのは、安政三年（一八五六）三月二十一日だった。これは私の父が生まれた日なので、よく父から聞かされていた。

小金井に遺《のこ》された小次郎の母と妻は、かねて兄弟分のつきあいをしている浅草の新門辰五郎を頼って出てきた。そして島送りの当日、一目なりとも小次郎に合せてくれと、折り入って辰五郎に頼み入った。辰五郎はさっそくその筋の役人達へ、惜し気もなく多分の賄賂を送って、佃沖を船が離れる際にひそかに会うことを許された。

小次郎の遠島のことは、侠客仲間には十日ばかり前から知れ渡っていた。鉄砲洲の角島伝蔵、同所の加賀屋金左衛門、大川端の小島屋和吉、同じく太郎吉、品川の淡波安、麹町の神鳴治助、中橋の名倉勝助、石安、鍛冶橋外の錦着屋栄吉、魚がしの佃屋三吉、箔屋町の相模屋政五郎等の顔役は、この日の八ツから船を仕立て、佃沖で小次郎の船の来るのを待っていた。

新門辰五郎も、小次郎の母と妻とを一つ船に乗せて、釣船のごとく装いながら、お役船の来るのを待っていた。

やがて岸を離れた遠島船は、艪の音高く漕ぎ出してきた。小次郎は他の囚徒二十余人と共に、船の中に端座していたがそれと見ると驚きの眼を見上げて、こちらの船を凝視した。二つの船は船頭に相図をすると、お役船の側へ静かに漕ぎ寄せられた。――役人はわざと背を向けて、烟草を吸い始めた。

「小次郎！」

「兄貴！」

辰五郎は声を曇らせて、牢窶《ろうやつ》れのした小次郎の顔を見詰めた。

「皆さんが、わざわざお見送り下さる。よくお礼をいいねえ」

「どなたも、面目次第も御座いません。おかげで小次郎も、思い掛けねぇ、立派な旅立ちが出来ました」

小次郎は舷《ふなべり》へ両手をついて、丁寧に頭を下げた。一同は口々に慰問の言葉を繰り返した。小次郎の母と妻とは、泣くよりほかに術《すべ》を知らなかった。仕着《しきせ》の袖に取り縋って、泣けるだけ泣いた。

「お母《つかあ》、お前の死水も取らねえで、生き別れをするなァ面目ねえが、どうか不幸な倅を持ったと諦めて、この先ともに、永《なげ》え世を送ってくんねえ。またお絹は、どうかおれの無《ね》えあとは、お母《つかあ》をいたわって、不孝な罪が、ちっとでも軽くなるようにしてくれろ。なまじ永え別れ際をしていて、飛んだ恥を掻《か》くのは辛《つれ》え。――どなたも御免下さいまし」

小次郎は、思い切って舷から身を引いた。役人達は、小次郎や女達の胸中を察して、直ぐに船を出すことを船頭に命じた。

この日相政は、弁徳の上等弁当五十本と、塩十俵、醤油五樽、米十俵とを用意してきて、遠島船の中に差し入れた。――十年ののち、大赦によって帰ってきた小次郎は、この時の相政の恩を、親の恩より深いものだと、ことあるごとに人々に語ったそうだ。

六

当時高輪東禅寺に旅宿していたアメリカ人コンシエールはかねてから富士登山の希望止《や》み難《がた》く、

再三役人に交渉した結果、ついに安政六年（一八五九）の六月十四日、その希望が達せられるところとなった。が、警護の従者ということに至ると、役人側でもはたと当惑せずにはいられなかった。何しろ毛唐人とさえいえば、悪獣のごとくに嫌っていたうえに、さらに日本の霊山と称する富岳を、脚下に踏もうというのだから、その反対は非常なものだった。役人達は、この難問題の解決に、困《こん》憊《ぱい》し果てていた。（一般に、東禅寺に宿泊していたラザフォード・オールコックが一九六〇年九月一一日（万延元年七月二七日）に外国人として初めて富士山に登ったとされている）。

するると、これを聞き込んだのは近頃横浜の外人の厩へ人入れをしている相政だった。

「よし、案内と警護はおれの手でしてやる」

と、早速その由を東禅寺の役所へ申し込んだ。

役所の喜びは一通りではなかった。相政が請合ってくれれば、千人の味方を得たよりも確かだ。ということになって、日も急な、翌日の朝江戸を発つことに決まった。一行はコンシエールと知己の英国人一人、それに役所の従者五名、あとは相政の率いる四十余人の子分達であった。

外人に対して、危害を加えようと謀った者もあったが、相政の一行が供をすると聞いては、誰しも手出しのしようがなかった。

外人と役人は、五合目まで馬で登った。が、それから先は蹄が立たず、馬を降りて徒歩を続けた。この時相政は五十二歳だったが、常に先頭に立って、頂上を極めるまで、一歩も人に後れなかった。相政の腹は、意地で一杯だったに相違ない。

かくて富士登山は無事に済んだが、これが終わると間もなく横浜にいた外人の大部分は本国へ引き上げることになった。で相政の入れて置いた馬丁達にも、自然暇を出すことになったが、その厩会所を引き払うに就いて、政五郎は子分の者が、遊廓その他に借金をこしらえて、逃げたといわれては恥辱だというところから、吉原町の入口へ、筆太に記した大板を建てた。

「此度外国人大厩御用済の人数引上帰府致し候間売掛又は貸金等有之向は、今日より三日の内に申出可有之、右は私より相払可申候。相政」

しかし、日頃の教えの行き届いていた政五郎の子分は、流石《さすが》に辱を知っていたと見えて、会所へ払いを取りに寄越した者は一人もなかった。

七

明治五年六月、山内容堂公は、四十六歳にして橋場の別邸方外室で死去した。当時の参議板垣退助、後藤象次郎等は、おなじ土佐の臣たる三菱の岩崎などと共に駆け着けたが、天寿はなんとすることも出来なかった。

相政の悲嘆は世の常ではなかった。通夜の当夜橋場の別邸で念仏を唱えていた彼は、ふと次の間へ下って、悲しみの余り腹掻き切って殉死しようとしたが、折から廊下を通り合せた板垣に止められて、それも果たすことが出来なかった。相政が声を放って泣いたのは、この時ばかりだといわれている。

八

祖父がいったように、相政はまったく男の中の男だった。その生涯を記すには、一冊の冊子を以てしても、なお足りるとは思われない。が、私は叔父や、祖父の子分でいまだに生き遺っている小吉などに聴いて、その一部分だけを綴って見た。旅行からの帰京早々筆を執ったので、はなはだまずい物になった憾みがある。こいねがう、御判読あらんことを。（十月三日）

7　浪花侠客　小林佐兵衛

村松梢風

一

小林佐兵衛は幼名は万吉といった。彼の父は幕府直参の士で、御庭番を勤める明石采女《あかしうねめ》という者だった。御庭番というのは、幕府の隠密方のことで、今でいえば警視庁の高等刑事だが、将軍家から直々の命を受け、諸国の事情なかんずく諸大名の秘密を探偵するのが役目だった。これは八代将軍吉宗の時から創まった制度だ。

万吉の父采女は、時の将軍十一代家斉の命を受けて大坂へ下ったのであったが、どういう事情かそのまま江戸へは帰らず大坂に足を留《とど》めてしまって、浪人になって暮らしているうちに、世話する人があってある質屋の養子となり、大小を捨てて町人になって名前も九兵衛と改めた。そののち北野村の百姓杉本長兵衛の娘およねというものを娶って妻とした。間もなく二人の間に一男一女を挙げ、長男を万吉と名付けた。これが天保元年（一八三〇）であった。

ところが、九兵衛はもともと武士あがりのことだから商売の道は至って暗い。その上情にもろい性質だったのでとうてい質屋には向かない。それやこれやで結局夫婦共離縁になったが、こうなると九兵衛は全く生活の途を知らない男だった。一時は高利貸の手代などにもなってみたが、こんなことが勤まる道理がない。そのうえ火災にまで逢ったので親子四人北野村に侘び住居して妻の里方からの扶助でしがないくらしをしていた。万吉は大坂の商家へ丁稚奉公に出た。

万吉が九歳の時だった。父の九兵衛は突然家出をしてしまって、そのままついに戻らなかった。九兵衛には九兵衛の心持ちがあったであろう。若気の過ちとはいいながら、かりにも天下の直参たる身分から町人百姓に成り下がり生き甲斐のない生活をしている現在の境涯を考えると、妻子に対する恩愛は断ち難くはあっても、夜半に独りで感慨に耽る時には、胸に迫る悔恨の念もあったに違いない。それやこれやで九兵衛は家出をしたのであろう。

わずか九歳の万吉はこの時非常な決心をした。父がいなくなって見れば今後母を扶養《やしな》う義務は自分一人の肩に掛っている。しかるに、丁稚奉公をしていたんでは、この後十年二十年経たなければ一人前にはなれぬ。それでは母に旨い物の一つも食べさせるわけにはいかない。自分が一人前になる時分には母の身体は骨になってしまう。自分も男だ、何とかして今から一本立の体になって母や妹を養わなければならぬと考えた。

万吉は博奕打《ばくちうち》になることを考えたのだった。

天保年間の大坂は博奕の大坂というほど博奕が流行っていた。由来大坂は商業繁華の地で諸大名の蔵屋敷はあり、堂島には米相場が立ち、小判の雨が降るよう。従って投機心が盛んで、丁稚や子守までが宮寺の境内に集まって博奕をしたものだ。これをカッパ博奕といって、一文銭を手に摑んでその数の奇と偶をあてて勝負を争うのだった。上役人がそれを見ても知らぬ顔して通り過ぎるという風だった。

万吉が目差したのはこのカッパ博奕だった。しかし彼は銭を賭《は》るのではなかった。万吉はいきなり賭場へ飛び込んで行って盆の上へ転がり込むなりそのところにありったけの場銭をカッパラって懐中《ふところ》へ捻じ込んでしまうのだった。無論無事には済まない。大勢が寄ってたかって打つ蹴る散々な目に逢う、が幾ら打たれても万吉は懐中の銭を離さない。全身に傷ついて血汐が地面に滴《したた》り衣類は裂け骨が砕けるようになっても、万吉は打たれるままになっていて一言も音《ね》を出さず、銭も放さなかった。これには堂取りも張手もおどろいてしまって最後に、

「仕方がない助けてやれ」

といって立ち去ってしまうのだった。この賭場荒らしを万吉は一番最初に天満天神の境内で試みて味をしめて以来各所でやった。この大胆不敵な少年のことはじきに評判になった。万吉はそうして得た金を暗夜ひそかに北野の我家へ行って小窓の破れ目から投げ込んで帰るのだった。彼は住所も定まらぬ無頼少年だった。

万吉には山荒らしという綽名《あだな》がついて、カッパ博奕の筒《どう》取りも万吉の姿が見えると大急ぎで片付けてしまうのだった。万吉は賭場荒らしが利かなくなると今度は文銭を二枚に見せたり一枚に見せたりするインチキの方法を工夫して、自分がカッパ博奕の筒取りをした。これで莫大な金を儲けた。

儲けた金はやはり母の家へ持って行って窓から投げ込み投げ込みしてきた。しかし、いつの間にかこのことが町奉行手附の同心の下を働く下役の耳に入ったので、万吉は盗みの嫌疑で縛られた。それは彼が十二の春だった。

万吉の母は正直な女だったので、小窓から降ってくる金を一文も遣わずに仕舞って置いたのが、溜り溜って七十二両に上がっていた。万吉は奉行所で厳しく調べられてもその金の出所については一言半句も白状しなかった。役人も持て余し、結局未成年者の故を以て叩きの上万吉を村預けにして落着した。

落着したと思うとまたもや奉行所から差し紙が附いて万吉は名主附添いの上奉行所へ呼び出された。すると今度は意外にも、

「万吉孝心の儀お上に聞え、殊勝の仕方に付き、青緡《あおざし》二十貫文を下さる。有難く御受け致せ」

と吟味与力からいい渡された。

「これは何かのお間違いで御座いましょう、私は悪事をした者で御座います。悪いことをした者が御褒美を頂くはずは御座いません」

と万吉が答えると、

「いや、その方はインチキ博奕をして金を取ったことはお上でも存じているが、それは会所でそれだけの罪を笞で打たれて済んだのじゃ、政道に二つなし、罪科は罪科、孝行は孝行、自《おのずか》ら異なっている、一人の母を大切に思うの余り、夜毎に銀子を投げ込んだその孝心を御笑美あって、お奉行

様から下し置かれる金子なれば、ただただ有難く頂戴いたせ」
といわれて青緡《あおざし》二十貫文を頂戴して退《さが》った。博徒で親孝行の賞与に預かった者は佐兵衛のほかは後にも前《さき》にもないそうだ。

二

万吉は十五歳の時はすでに大坂侠客社会における一方の旗頭となった。維新の頃になると、関西では、彼に拮抗する侠客は一人もなくなった。彼はどこまでも強きを挫き弱きを助ける真の侠客であった上、理知にも長けていたので、どの侠客でも彼と争うことは出来なかった。明石屋万吉の名は隆々として関西に覇を成していた。

文久三年の末だった。それは幕末の攘夷論の最も盛んな時代で、薩長土肥の四藩は密に討幕の師《いくさ》を起こす謀議を凝らしていた。主なる舞台は京都だが、大坂にももちろん諸藩の浪士が多く入り込み、人心胸々として四民安き思いはなかった。大坂には各藩蔵屋敷があり、経済上非常に枢要の地であるので、ここで策を廻す勤王派もあるし幕府方ではこれに対する取り締りに就いて苦心をしていた。中にも長州の浪士はすこぶる過激な行動があったので幕府は特に長州を睨んでいた。そこで幕府から諸侯に命を下して大坂市中を警戒させることにした。

その時、横堀以東は紀伊大納言が一手警戒の任に当たり、その以北は松平越前守承《うけたまわ》り、道頓堀以南は松浦大和守、横堀以南は一柳対馬守の任であった。ところが一柳侯は播州の小大名で禄高わずか一万石の家だ。一万石の大名では家来といってもいかほどもない。その小人数で広い西大坂一帯を警戒することは不可能である。さらに尻無川または伝法方面から上陸してくる浪士の数は何百とも知れぬ多人数で、とうてい一柳家一手でこれを警戒することは出来なかった。そこで一柳家の重役達は凝議の結果、今大坂で飛ぶ鳥を落とす勢いの明石屋万吉の力を借りて、この大任を果たそうということになった。この事を万吉に交渉すると、相手は小大名だが、大坂全市の安寧を維持することが目的であるから、万吉も男と見込んで頼まれた以上引き受けなければならなかった。万吉は一柳家に召抱えられ、十人扶持を貰って足軽頭になった。同時に名前も小林佐兵衛と改め、町奴からわずかに二本差しの士分に取り立てられた。

佐兵衛は尻無川の見張所を預けられた。ここで出船入船を残らず検分するのだった。しかし、佐兵衛にしてからが、この大坂港の咽喉をたった十人扶持の財力を以て警固するのは不可能だった。当時佐兵衛には数百人の子分があったが、子分が一人一日五合宛の白米を食うとしても五百人いると二石五斗の米が要るから、十人扶持ではやって行けようわけがなかった。ところが一柳侯はもともと貧乏のところへ、今度の大役で金は使い尽くしホトホト困り抜いたあげくに佐兵衛に頼んだくらいだから、加増を願ったところでどうにもならないことは分かっている。

そこで佐兵衛はいろいろ苦心して考えていたが、ある日重役に謁して、

「なかなか警固に骨が折れて、このままではやって行けません」

といった。

「それではどうしようというのだ」

「私は知行を頂かないで多勢の人間を養う名案を考えました」

「それは感心じゃ、どういう案だ」

「私のところで博奕をすることをお許し下されば宜しいのです」

「それは易いことだが、それで取り締りが出来るか」

「私のところで賭場と申して博奕場を開きます。すると諸方から無頼漢《ならずもの》が集まってきて、夜昼となく博奕を致します。このテラ銭で以て人間を養うことも出来ますし、一朝事ある時は無頼漢《ならずもの》を多勢引き連れて出張致します」

「なるほどそれは妙案だ、差許《ゆる》す」

それから一柳家から町奉行にもその赴きを談じ込み、いよいよ天下晴れての賭場が出来、その入口には一柳家の定紋打ったる高張提灯を掲げ、朝からドンドン博奕をやらせた。どんなことがあっても手がはいらぬ賭場だから、何しろ安心して博奕がやれるというので、来たわ来たわ。諸方から大勢の博奕打が蝟集《いしゅう》して来て、いつでも五百人や六百人の人間は集まっていた。

ある日も佐兵衛が賭場へ座布団を敷いて太い銀煙管をくわえていると、

「親分、怪しい者を引っ立てて来ました」

といって若い子分の連中が一人の若い侍を縛り上げて連れてきた。見ると齢の頃二十五六、色白く眼光は澄み、鼻の高い一見気品の高い武士である。丈《せい》は余り高くないが、衣類でも大小でも立派な

物で、その挙動はどこまでも落ちついていた。佐兵衛は仔細に見た後で、

「よし、この人は俺が預った。そこへ置いて行ってくれ」

といって子分を立ち去らせた。

「お前さんはどこの者で、名前は何と名乗るのだ」

と佐兵衛は武士に尋ねたが、武士は答えなかった。

「名乗らなければ強て尋ねはしない、しかしお前さんはこれから長州へ落ちる積もりだろう」

「そうだ」

「それじゃあそんな扮装《なり》をしていては、ここは無事に通してやっても行く先々できっと縛られる。長州へ行くなら姿を変えなきゃあ駄目だ」

佐兵衛は若侍の縛《いまし》めを解いてやって、

「俺が扮装《なり》を拵えてやろう」

「かたじけない」

武士は言葉少なにいって他をいわない。佐兵衛は若侍の大髻を草履取りの足軽のような髪に結い直させ、紺看板の下郎姿にやつして、気のきいた子分を途中まで附けて落としてやった。

この若侍は後の木戸孝允、桂小五郎であった。

当時の浪士の中にはいかがわしい人間が多くて、彼等の横行跋扈《ばっこ》には大坂の町人はことごとく弱っていた。まるで強盗同様の無頼漢が多かった。幕府では浪士を捕えれば片っ端から斬り殺してし

まったが、佐兵衛はそういう乱暴はせず、捕えて見てしかるべき人間と見れば却って庇護を加えて落としてやった。遠藤謹介なども佐兵衛の世話になった一人だった。

徳川幕府が倒れて明治政府の世となった。徳川方に加担をした者はことごとく捕縛され、長州や薩州の屯所で片ッ端から首を斬られた。佐兵衛も大勢の者と一緒に御堂の長州の屯所へ引き立てられたので、首を斬られる覚悟でいると、桂小五郎がわざわざ佐兵衛を探しに出張ってきて、

「その方は拙者の顔を覚えているか」

といった。見ると先年助けて落としてやった武士だが、

「どなたか存じません」

と佐兵衛は答えた。

「この男は拙者の恩人だから助けてやれ」

そういって木戸はその場で佐兵衛の一命を助けたのだった。

三

維新後の小林佐兵衛は心機一転して専ら社会事業や慈善事業に尽瘁《じんすい》した。明治初年大阪府知事渡辺昇に頼まれて大阪全市の消防組の総頭取になった。大阪の消防組が模範的に訓練されたのは佐兵衛の功労だった。

彼は非常に慈善家でいつでも自分の家へ寄るべのない孤児や貧民を引き取って多勢世話をしてい

たが、明治十五年に、幕府時代からあった粉河町のお救い所が廃されることになったので、その人間を全部一手で引き受けて、自分の家へつれてきた。最初は真砂町の自宅でやっていたがだんだん人数が殖えて収容し切れないので、後に北野小松原町に宏大な収容所を建築してこれを授産場と命名した。晩年の佐兵衛はほとんどこの事業に没頭して財産を蕩尽《とうじん》してしまった。彼は相場なども上手で一時は五十万円以上の富を作ったこともあったが、すべて授産場に掛けてしまって晩年は借金だらけでヒドイ貧乏をしていた。それもそのはずで授産場で養っている人間の数は何時でも四百人位にのぼっているのだった。

そこで何か金儲けをして難関を切り抜けようと考えたが、それには先ず相場でもするよりほかはない。が相場は人力では必勝を期するわけにはいかない。で勢い神信心ということになるが、何かいい神様はないかと思って物色していると堂島の某家に霊験あらたかなる聖天様が祀ってあることを聞き込み、さっそくその家へ行って無理に聖天様を貰い受けて、自宅へ持ってきて祀った。注連《しめ》を張り供物を飾り丁重に安置して、その後も家人を近寄らせず自身で日々の供え物から燈明その他万端取り仕切っていた。

「聖天様、どうか私に金を儲けさせておくんなさい、相場に勝たして下さい、といったって何も私は贅沢につかうのじゃあ御座いません、親のない児や病気で働けない人間を養うのです。どうぞお願い申します」

ポンポンと拍手を打つのだった。それから相場をやってみると不思議や面白いようにあたる。聖天様の御利益《ごりやく》は大したものだと、新しくお宮を造るやら荒菰を敷くやら大騒ぎをした。

ところが、どうしたわけだか途中から急に相場があたらなくなって、今度は損ばかりするようになった。佐兵衛は首を傾げたが、女房を呼んで、

「お前達は俺の留守に神様に何かしやしないか」

「いいえ、何も致しません」

「いやそんなはずはない、この神様はこの頃お冠を曲げておいでなさる」

佐兵衛は、

「これも自分の信心が足らぬからだ」

と考えて以前にまして一生懸命で神前に額づいて祈願をこめた。がさっぱり御利益が無くて相場で大損をして前より大きな借金を背負っちまったので、正直者の佐兵衛は最後に怒ってしまった。とうとう堪忍袋の緒を切らして、神殿から聖天様の尊像を引きずり出した。

「やい聖天、手前《てめえ》はよくも俺を偽《だま》しやがったな、あれほど、ことを分けて祈ってもちっともいうことをきいてくれぬようじゃ、手前は神様じゃねえ、荒菰で引っ縛《くく》って井戸へ叩っ込んでやるから覚悟をしろ」

おどろいたのは傍《はた》の人達だ。年取った佐兵衛の妻は夫の手にすがって、

「あなたもったいない、神様をそんなことをする人がありますか」

「何をいいやがる、そんな贋物は古道具屋だって買って行きやしないや」

「それでも罰があたります、どうか止めて下さい」

「コン畜生、命だけは助けてやる、さっそく返しちまえ」

と、元の家へ返してしまった。

佐兵衛は非常に物を信ずる人だった。ことに神様は人間の力で出来ないことを叶えて下さるものだと信じていた。自分が病気をしてはかばかしく全快しないと、日頃信ずる天満の天神へ参詣していうことが、

「天神様、私の病気をどうか三日間で治《なお》しておくんなさい」

例の通り神前に額《ぬか》づいてポンポンと拍手を打って帰って行く。しかるに三日経っても四日経っても病気が癒らないことがある。さア承知しない。プンプン怒りながらまた天神様へ行って今度はずかずか社殿へ上がり込み、神前の御簾《みす》を引き上げて中を覗き込みながら、

「コラ天神ッ、なんで俺の病気をお願いした通り三日で治してくれなかった。これから三日間に必ず治せ、もし治さないと承知しないぞ」

と脅し付けて帰るのだった。それがまた不思議に三日くらいたつと病気がケロリ癒るのだった。

大正六年八月二十日、小林佐兵衛は八十八歳の高齢を以て畳の上で大往生を遂げた。

8 侠客と力士

江見水蔭

昔から侠客と力士とは密接なる関係を有している。それは侠客が意志の強いばかりでなく力量もまた強くなければならぬ、そんなあたりからきているのではあるまいか。

侠客と力士とを説くには、いかにしても夢の市郎兵衛と明石志賀之助とを引っ張り出さずにはいられまい。

けれども、近代では『近世奇跡考』の記事に疑念を挟み、明石志賀之助出生の年代においても議論があるくらいだから、市郎兵衛との劇的関係も、はなはだ影が薄いわけだ（話は違うが、夢の市郎兵衛の墓は品川海晏寺境内にあると聞いて、散歩のついでに調べたこともあったが、見当たらなかった）。

降っては「天保水滸伝」に出てくる笹川繁蔵と勢力富五郎との関係であるが、それは賭博常習犯者が、いわゆる用心棒として、剣士や力士を身内にしたのは、有り得ることで、勢力が繁蔵の乾漢であったのは事実であろうが、彼がどの程度まで相撲が強かったのか、それは疑問だ。飯岡の助五郎における神楽獅子とても同様だと思う。

力士から侠客に成ったので明治初年岡山に釘貫というのがいた。それは池田家の控え紋の釘貫を名に許可された位なので、池田家のお抱え力士であったのだ。それが強かったか弱かったかは知らぬが、赤ら顔の、大きな男で、月代《さかやき》（額から頭の中央部分を剃り落とした髪型）は剃っていた。八九歳の自分の記憶なのだ。この部屋には素人相撲（ほとんど本業的）がたくさんいて、三国山というのが大関格で、大阪相撲の幕下を向こうに廻してよく興行した。三国山はのちに上京して剣山谷右衛門の門に入り、貧乏神までは出世した。

この釘貫は侠客としても岡山では名高かった。この部屋の系統を引いた中から、確か今の常の花が出たわけだ。

明治十五年の冬、先代梅ヶ谷が東の大関で、西は大阪の響矢（のちに剣山）が大関で、地方を巡業した。それが下野栃木の町で興行した時には、土地の運送店で、顔役の、巴波川というのが勧進元であった。

この巴波川は、相撲は疾《とっ》くに廃業していたのだが、いまだ髷も切らず、体格も衰えていないので、独土俵入りをしたのを自分は記憶している。幕下位までは行ったものと見えた。

この門下には幕下の若の山、三段目の宝島などいうのがいた。栃木では巴波川は侠客としてその頃立てられていた。

侠客にして相撲名乗を持つのは関西に多いようだ。明治三十年頃自分は神戸にいたが、この地の侠客、大辰《だいたつ》（一名眉辰《まゆたつ》）、久《ひさ》やん（中村久吉）、熊野卯蔵なんて歴々は、皆相撲名を持っていた。久やんのごときは耳が潰れていた。ただしどの位強かったかそれは知らない。また強く無くても親分という顔で、相撲の勧進元などになる時には、相撲名乗で番附面に署名もされたのだ。

こういう例は各地に多いことと思うのであるが、自分は今にスポーツマンと侠客という新時代の産物が現れそうに考えている。

力士も改造せねばならぬ。侠客もまた大いに改造されなければなるまいである。自己中心から出発して、自己の勢力を張る必要からの偽的義侠の横行者が（たとえ看板に国家的を呼号するも）いまだ現代に残存しているとすれば、自分はそれに全然好感は持たれぬのだ。

9　蕎麦屋のじいさん

二田村鳶魚

明治の三十年頃に八王子の小門という所に、六十を越したチョン髷の肉附のよい大柄な親仁《おやじ》がいた。この親仁は誰からも蕎麦屋のじいさんといわれて土地では名高かった。それは蕎麦屋をしていたから、蕎麦屋のじいさんに相違ない。けれども彼が名高いのは関東有数の大親分だったからである。彼は当時ほとんど絶えた野天博奕、それも盆茣蓙を三間敷いた大賭場を、八王子の六斎市日には子安附近の山林に開張している。子安の曲七の親分であって、親仁は先年盆茣蓙を子分の曲七に譲って小門に隠居した。

いかにも落ち着いたところと、腰の低いところだけが違う、とはいえ別段に蕎麦屋の親仁らしくないわけではない。大親分ともあろう者なら、どこかに尋常な田夫野人《でんぶやじん》と違うところがありそうなものだと思われるほど、極めて平凡な親爺であった。

蕎麦屋のじいさんは珍しく子安へブラリと出てきた。今日は親方の曲匕はいない。子分等は居住いを直して、皆がおじいさんお出なさいと、丁寧に挨拶をする。それを聞いて奥の方からも子分等が出てきて挨拶した。じいさんは伸び上がって奥を覗き込むようにしたが、面白そうだな、俺も相手をしようといって、ニコニコしながら母屋を通り抜け、中庭を隔てた離れへ入ってきた。

子分等は今までそのところで小さな手慰みをしていたので、じいさんの声を聞いて忙《いそ》いで、母屋へ挨拶に出たのだから、坪も賽も場銭も出し放しになっている。大きな眼鏡を掛けている老爺に、それが一々見えるはずもない、子分等が出てきた跡の離れの様子を見て、流石《さすが》に何をしていたのか分らないような老爺ではない。

南を受けた明るい八畳の座敷、子分等の運ぶ座蒲団の上へドッカリ据り込み、禿げた頭が一際光る時、烟草盆の灰吹の音ものどかに響く、サァ皆な張れ、俺が筒《どう》を取ろう、子分等は喜んだ、おじいさんの筒なら潰れる気支えはない、そうしてコソコソと子分等は座を立って、老爺が二、三服烟草の烟を輪に吹く間に、それぞれ帰ってきた。これは今まで子分どうしで銭ッこだったのだけれども、おじいさんの相手だから元手を拵えに往ったので、銭ッこでなく紙幣で勝負をしようというのである。ただそれだけではない、おじいさんは近年眼が上がって、三間盆の大賽なら知らぬこと、並の賽では眼が善く見えない、怪しからぬ子分等はそのところを附け込んで横着をしようと、いい合わせたように元手を格別に仕込んできたのである。

今までが長半なのだ、子分等がおじいさんこのままでやりますかというと、ウン、何でも同じことだと、二つの賽と坪を請取り、ポンと伏せて、サァ張れ、器量一ぱい張って見ろという、おじいさん張りますよと、一同が大奮発、珍しく五円三円、中には十円札二つというのもある。それはよいがお揃いで半方ばかり、子分等は皆張りました、サァ勝負勝負という時、じいさんはチョット仰向くと大きな眼鏡がギラリしたかと思うと、坪は開けずに張ってある札を、ズンズンと掻き寄せてしまう、子分等はおじいさん、どうしたのです、勝負をしないでと騒ぐ。

馬鹿野郎、馬鹿の癖に横着はする、俺がイクラ眼が悪くなったからといって、一つの賽が二つながら、坪の外に出ているのを知らないと思うか、揃って半方へ張っても、俺が未だ気が附いたと思わないのか、その根性だから受け子貰いよりほかに仕方がないのだ、三年たっても三つにはならない、何というベラボウ共だろうといって、掻き寄せた札も銀貨も財布へ入れて、悠々と懐中してブラリブラリと小門へ帰ってしまった。

逆に往かれて鳶に油揚を浚《さら》われた奴の絵のような顔して、子分等はただ呆れた、けれどもグウともいえない。実は坪の皿の外に二ツの賽が丸出しになっていたので、おじいさんも目が上がってはいる、是ほどとも思わなかったが、盲目も同様だと思った。もともとそのところが附け目であったのだから。結局お揃いで半と出掛けたのだ、それが詐欺賭博よりも筋の悪い往き方だとも気が附かぬ。叱られて見ると、一体おじいさんの目の悪いのに附け込むのからが、よろしくないのに気附いた。彼等は悪かった、済まなかったとも思えば、また無理算段の元手を持って往かれてその後始末が胸につかえる、まだその上に今にも親分の曲七が帰ってきたなら、何とされるだろうと、それが頻《しきり》に心配になって溜らない、みなみな、真青な病人みたいな顔をしていたそうだ、それから後の話は聞かなかった。

ある人が蕎麦屋のじいさんに、男を立てて長年過ごすには、元来肝玉の大きい者でもあろう、幾度となく生死の界を踏まなければなるまいから、容易なことではあるまいといったら、イヤそうでもありません、肝玉の役に立つのは生涯に一度のもので、肝玉を持て余すくらいでなければ、世間は済まされますまいといったとやら。

誰彼と違ったように見えるがエライのか、エラクないのか、蕎麦屋のじいさんなどは違って見えなかった、じいさんの跡目になった曲七親分は今日も達者でいる。

10　旗本奴

森　銑三

一

水野十郎左衛門は、槍持ちを抱えるにも、槍持ちとして男ッ振りのいいのを吟味した。それは旗本水野らしい趣味だったが、ところでこの水野の槍なるものが実に持ちにくい。というのは、特別の工夫がしてあるので、見かけは鞘がかぶさっているものの、それはただくっついているだけで、いざという場合には、鞘もろとも突き込めば、上皮は物に触れてばらりと落ち、明晃々《こうこう》たる中味が出るという仕掛だったのだ。水野の槍持ちは、うっかり物に触れて、何でもない時に中味を飛び出させぬよう、気をくばらねばならなかった。こうした記事が『人見黍筆記』の中にある。喧嘩の専門家だけあって、さすがに用意は周到であった。

二

水野が松平阿波守の邸《やしき》で死を賜る時、かねて拝借を願っておいた貞宗の短刀を出された。水野は

座につくと介錯人に向かって、こちらで声を掛けるまで、首は打たずにいてほしいと断り、短刀を手に執って押し戴き、

「日頃の望《のぞみ》が叶《かな》って本望でござる」

と、巻いてある紙をずるずる解く。介錯人がそばから小声に、

「そのままなされよ」

と注意したが、

「いや、とくと拝見申そう」

と、中味を出して打ち守り、

「かねて存じましたるよりも見事でござる」

いい終わって彼は脇腹に突き立てた。すっ、すっ、すっと一引きに五、六寸ほど軽く引き、

「刀の味も殊勝にござる」

と、貞宗を三方（儀式のとき物をのせる台）の上におき、静かに介錯に声を掛けた。

「さらば首を刎ねられよ」

と。死を見ること帰するがごとし。実に鮮かな切腹ぶりだった。

三

旗本奴《はたもとやっこ》といえば、すぐに水野が浮かんでくる。が、もう少し前に山中源左衛門という好漢がい

る。不幸にして山中は、水野の幡随院長兵衛のような、いい喧嘩の相手を持たなかったために、水野ほど名前が知られていない。しかも彼も旗本奴中の錚々《そうそう》たる一人だった。

山中は、一人きりの下郎と女気なしに暮らしていた。ある時気色《きしょく》（気分）が悪いと、医者を呼びにやった。藪井筍庵先生いつもの心得できて見ると、病人の山中源左衛門は、釣瓶縄で頭をからげ、夜具に寄りかかって呻っている。そして破鐘のような声で、

「やあ、わせたか。ここさきて、脈《みゃく》を考えて見さえ」

という。

筍庵先生肝を消して、びくびくもので病人のそばへにじり寄り、こわごわ脈を伺い、調薬もそこそこに、暇を告げて立とうとすると、山中は羽織の裾をずんとおさえ、

「時分もよかるべい、出来合いをいいつけた。食うて行かっせえ」

と引き留める。

そこへ勝手から作り髭の大男が、紺の袷の膝節までのを着、山折敷に黒米の盛り切り飯、石皿に塩鰯をすえて持って出る。

筍庵老見ただけでうんざりして、飯も喉へは通らない。ところが亭主はというと、はじめから汁をぶっかけて、その盛り切り飯を二、三杯さらさらと掻き込み、その上に飯椀で冷酒を三杯ぐいと引っかける。そして、医者殿をじろりと見て、

「そこなづく入殿《にゅうどの》は、下戸か？」

とわめく。

筍庵ちぢみ上がり、鬼の窟に迷い込んだような心地して、ほうほうの体で逃げ帰った。

四

山中も後《のち》の水野と同じく、不行跡の故を以て切腹を仰せつけられた。

わんざくれ踏んぞるべいさ　けふばかり
　あすは烏が　かッかじるべい

これが山中源左衛門の辞世の和歌（！）だった。

11　犬を恐れた新門辰五郎

前田曙山

徳川幕府の破滅、それは水瓶の底を割ったようなありさまで、これを救うに手も足も出ない。雨と風とが一緒になって、江戸は混乱の極に達した。大きな不安と脅迫とは、疾風のごとくに八百八丁を掃き立てた。いわゆる旗本八万騎の歴々は元より、町方一統鳶に油揚をさらわれた形で、適従するところを知らなかった。

無謀の血気に湍《はや》って、深慮遠謀の無い彰義隊の同情すべき鬱憤、主家の祀りを絶さざらんがために、江戸を焦土から免れしめんとする恭順派の苦衷、その間には理否を弁ぜざる無智無能の士人の蠢爾《しゅんじ》（無知なもののさわぎ）たる騒動、江戸はまったく悪世末法の渦中に投じたのである。

この時にあって、一介の遊俠児として、気を負って立つ新門の辰五郎は、まさに命不知らずの配下を引率して、一本調子に上野の孤忠に馳せ参ずべきであるが、彼は直情径行をほしいままにする単純なる頭脳の持ち主としては、余りに理義に明晰であった。

彼は剣を執って王師に反抗する代わりに、大慈院に蟄居する前将軍を、外ながら守衛したことにおいて、彼の偉大さが窺われる。彼は山岡鉄太郎に志を明かし、その斡旋によって、ひそかに前将軍に謁し、無言の依嘱に感激して、前将軍が水戸の籠居へ蟄伏するまで、附かず離れず護衛していたのである。

一身を張って白刃の中へ飛び込むのは彼等一輩の難しとせざるところである。しかし名をつつみ声を窃めて、衰亡の人を送り、涙を憚って人後に隠れるということは、任侠売名の徒にはなし難きところで、そのところに新門の尊むべき人格が見える。

彼は当時名を馳せた小金井小次郎などとは、その識見と性格とにおいて、正反対のところがあり、従って気を負うて嘯《うそぶ》く尋常侠客輩ではなかった。

その一例として、次のごとき瑣末な例証を挙げられる。

私の母がまだ若い時であった。小幕臣の娘として、あるとき日本橋葭町《よしちょう》の出入りの佐官の棟梁に招待せられ、弟とともに泊まりがけで祭礼を見物に行ったことがある。そのとき母は十五、その弟（私の叔父）は十二、三であったということだが、翌日麻布の住居へ帰るにあたって、どうしたものか、自宅から迎えの若党がこなかったので、それを待つがために日暮れ近くになってしまった。後に聞くと、若党は早く迎えに出たのだが、盛大な祭礼に心を奪われて、思わず浮かれ歩いていたということであった。

棟梁は出入り屋敷のお嬢さんを送り帰すのだから、滅多な若い者には連れさせられず、といって自分は町内の相談があって、今夜は何分にも手が放せない。今に若党がくるだろうと思ううちに、だんだん遅くなってしまった。

こういうことで、非常に当惑しているところへ、日頃利かぬ気の屈強な新門辰五郎が遊びにきたのだ。そうして麻布まで送る者が無いということを聞いて、どうせ遊んでいるのだから、ちょっくら俺が行ってあげましょうと、自ら薦めたので、棟梁も渡りに舟の心地で感謝したうえ、母姉弟の宰領を托した。

二人を駕籠へ乗せて、辰五郎が附き添って、当時麻布森元の母の生家まで送ってきたが、愛宕下までくると、舁夫があいにく踏み抜きをして歩けなくなってしまった。しかし愛宕下から森元は幾《いく》何《ばく》の道程もないから、二人は駕籠を下りて、そのところから辰五郎に送られつつ、徒歩で帰ってきた。

夜は亥刻《いのこく》（午後十時）近くなっていた。日本橋の祭の夜とは違い、飯倉附近は大半大戸を下ろし、わずかに臆病窓に灯が映るくらいのもので、軒灯一つあるわけでないから、死の海の底へ入ったかと思われるばかりの闇さと静かさとがある。たまたまどこかの辻番の灯が見えるのが、かえって薄気味悪い。

飯倉の八幡前から雁木下、万屋一家の軒を並べている町を過ぎて、熊野前へくると、行手に方《あた》って江戸名物の犬が盛んに吠えている。二匹や三匹ではない。その声も獰猛で、手飼の優しさでは無く、むしろ野獣の怒りである。母の弟はそれを聞くと立ちすくんでしまった。母も元よりよい気持ちはしない。しかし辰五郎という立派な護衛者があるから、すぐに追い払ってくれるだろうと期待

した。しかるに辰五郎は、

「お嬢様、いやに犬がたくさんいますから、まわり道をして行きましょう」

といって、道を転じて裏通りから森元へ入り、事無く我家へ送り届けてくれた。

当時新門辰五郎という名は、佐官の棟梁から伝聞して、虎をも打たず威勢の男とのみ思っていた母は、帰宅ののち、父（私の祖父）にその話をして笑ったところ、それでこそ辰五郎の辰五郎たるゆえんである、好んで危きに近よるのは、武道としても極意に背《そむ》いている、のみならず、弱い女小供を托されている身として、怒れる犬の牙を剝く中へ入って行かぬのは、怯《おびえ》（臆病）に非ずして、かえって勇であると、つくづくその人となりに感じ、爾来新門辰五郎を贔屓《ひいき》にして、屋敷へ出入りさせていたということである。

瑣細《ささい》ながら、新門のこうした沈着で深慮のあるところが、行くところとして閃めかぬは無い、上野の戦争にも、はやって隊士に加わることをせず、官軍戦勝の権威に反抗してまで、陣没幕臣の死屍を収容し、彼等の屍を風雨に曝さしめなかったなどは、むしろ陰性の侠客とも言い得よう。

当時犬に竦《すく》んだ私の叔父が、後年弱冠にして彰義隊に加わり、新門の庇護の下に江戸を脱出して、各所に転戦し、越後口であえなく戦死した時に、叔父の遺髪と佩刀とを東京へ将来してくれたのは新門の乾児《こぶん》で、新門自身それを携えて、母の生家へ届けてくれた白柄の刀が、今私のところへ残っている。私の聞知する彼は、華々しく人先に立って行動するよりは、陰にいて善後の処置を施し、人の過ちをすくいて、名を傷つけしめぬというような、親切気の権化そのものであったかと思われる。そうしてそれが、市井の一遊侠児でありながら、今日まで名声を唄われるゆえんでは無いかと思われる。

12 真の俠客——明治俠客伝——

伊藤痴遊

世間では俠客と博徒を混同して、一つもののごとくあつかっているが、俠客と博徒はその本質において、全然違っている。

博徒は、一定の区画内に自己の勢力を張り、多くの子分を養って、賭博を開張し、そのカスリによって衣食しているものであるから、元来が利欲のために集まるものであって、公明なる心事をもって、世に立つものとはいい得ない。

しかしながら、多くの博徒の中には幾分の俠気《きょうき》ある者もいて、時には弱者の味方をすることがある。これを指して、一般の人は俠客と呼んでいるが、決して純な俠客ではなく、博徒にしてたまたま俠気を有する、というに過ぎないのだ。

真の俠客とは利欲に走らず、かつ権勢にへつらわず、義のために争い、情のために泣く、といったような、美しい心のあって、しかもその働きに対する、酬《むく》いを求めぬ者を指して、しかりこういうのである。

博徒の有する縄張りなるものは、その暴力によって得た、一種の勢力圏を指していうのであるから、ややもすれば、暴力によってその縄張りの争奪が行われ、ある時は多数の味方を集めて、小さい戦のごとき、流血の惨事を演ずることをさえ厭わず、またある時はなぐり込みと称して、相手の不意を襲い、徒らに殺傷をこととすることもあり、よくて、雌雄を決した後に縄張りの広くなる者もあれば、また狭くなる者もあって、永い間そうした乱暴なことが行われてきたために、ほとんど彼等の勢力を、一般が認めているがごとき形になっていたのだが、近年になって、その取り締りが漸く厳しくなったので、おいおいに彼等の仲間も少なくなり、昔のような大親分なるものも、昨今では頗る少なくなったが、それでもなお幾分は、それを良いことのように思って、昔ながらの縄張り争いをくり返している時代遅れの者も、全く無いわけではないがいずれにしても、こういう連中は社会的に見て有害無益の輩であるから、一日も速かに葬ってもらうに限る。

侠客なるものの淵源は果たしてどういうものであるか、そんなことはよく判からないが、とにかく、徳川時代の初期に旗本の跋扈《ばっこ》に反抗して、町人の味方たるべく、腕力をもって決起したものがあり、これを町奴と称して、なかなか威力を振るったことがある。思うに、そういうようなものが、いつか知らず侠客の名をもって、一般の人から畏敬されたのが原因となって、町奴のなくなったのちも、なお依然として、一種の暴力団がその羽翼を張り、よいこともすれば悪いこともするといった調子で、おいおいに集まってくる仲間の中に、最も秀れて力あるものが親分となり、その他は子分として、盛んに市井の間にその威力を恣《ほしいまま》にし、一定の職業が無いところから、賭博を開張してそのカスリを取り、この収入によって一家一門の生活費とし、恐るべき勢力を保つに至ったのであろう。

げんにおいて、彼等は博徒なる称《なまえ》がはなはだ体裁悪きために、自らも称して侠客と呼ぶに至ったのであろうが、いやしくも侠客として立つ者が、賭博を常業にしたのでは、せっかくの侠の字が意味のないことになりはすまいか。

そうはいえ、博徒の中にも侠気を有する者はあって、相当に理解も有し、自分等の立場も考え、義や情のために水火の中へも飛び込むといった、気概ある者も、少なからずあったことは事実である。いかに賭博を常業としていればとて、それらの者までを抹殺して、侠客に非ずとはいいたくない。

理窟は少し長くなって恐縮するが、世間の分からず屋のように、博徒でさえあれば、直ちに侠客と呼ぶような、そんな間違った見解から、侠客なるものを、取り扱って行くことを欲しないために、僕の見る侠客の本質を一通りいって置いて、さてそれから、本文の侠客物語に移ろうとするのであるから、このことは特に断って置く。

（一）難波の福

明治十四年に、北海道の官有物を五代友厚《ごだいともあつ》（一八三五―一八八五）へ払い下げる、という問題が起こった。官有物を払い下げることは別に珍しい問題とは思えないが、ただこの事件は北海道における、官有物の全体を払い下げるというのであるから、ずいぶん大掛りな払い下げであって、その金額も少なからぬ高に上がるから、従って問題としては相当大きいものであった。

しかも、その官有物に対する実価を見積って、相当の価格に払い下げるというのならば、あるいは悪くないことであったかも知れないが、何しろ、五百万円位の実価あるものをわずかに三十万円で払い下げ、なおその代金は三十ヶ年賦無利息というのであるから、どうしても面倒な問題になるのが当然であったかも知れない。

開拓使長官の黒田清隆《くろだきよたか》（一八四〇―一九〇〇）は、五代の前には頭の挙がらぬ人で、五代は西郷、大久保の無きあとは、縦令《たとえ》民間に下《くだ》って、実業家になっていたにもせよ、薩摩藩閥の巨頭で、この人を抑え付ける力を持っていた者はほとんど無かったのであるから、こうした馬鹿馬鹿しい条件の下に、払い下げのことは厭でも実行されるようになっていたのである。

ところが、政府部内にも薩派に関係のない政治家がいて、頻りに苦情は唱えていたのだ。大蔵卿の佐野常民と参議の大隈重信が、どうしてもこの払い下げに同意を表さなかったのみならず、新聞記者を使嗾《そそのか》して、盛んにこの事件の内容をあばき、反対の気勢を煽《あお》っていたから、存外に民論は、強く払い下げ反対に傾いていたのである。

東京日日の福地源一郎や、横浜毎日新聞の沼間守一が、大隈の内意を受けて、ひどく薩長の政治家に攻撃を加え、この払い下げをもって国家の財を私するものだ、という論法で、攻撃を始めたから、ついに世論は盛んに起こってきて、払い下げのことはついに行き詰まるようになった。

当時、板垣退助（一八三七―一九一九）は故郷の高知へ帰っていて、この事件には何等の関係もなかったのであるが、全国の各地に板垣の味方はたくさんいたので、それらの人が、この場合に板垣を引き出して、大いに反対の気勢をそそり、これをもって国会開設の必要である、というところへ結び付けて、多年唱えてきた、国会開設運動の纏まりをつけようと考えて、しきりに板垣の出動を促すけれど、当時の板垣は、まったく金に行き詰まって、身動きの出来ないありさまでいたから、同志の勧めに応じて、乗り出す気はあっても、実は動き得なかったのである。

時に、福井県の同志杉田定一がこの事情を知って、多少の金を作り、同志と共に高知へ乗り込んできて、板垣の出動を促したところから、いよいよ板垣も乗り出すことになった。

まず大阪へ出て、第一回の演説会を開こうとしたが、それにあてる会場を、どうしても借り入れることが出来なかった。

これは、その筋の干渉が起こって、大きい劇場は総て板垣の一派には、貸さぬことになっていたのを知らずに、大阪まで乗り出してくると、この難関に引っ懸って、手も足も出なくなってしまったのだ。

板垣の一派がどれほど力んだところで、会場の貸手がなければ、演説のやりようもないわけで、これにはほとんど弱ってしまった。

その頃、大阪にはたくさんの博徒がいて、市井の間に素張らしい勢力を示していたが、その中において、最も勢力の強かったのが難波の福という親分であった。

「先生、難波の福という、博徒の親分がきて、ぜひ御目に掛かりたいというのですが、どうしたものでしょうか」

「ふうむ、吾輩は、その福とかいう男は、一度も会ったことがない。全体、どういう用向きで、会いたいというのかナ」

「どういう用向きか、さらに分からないのです」

「一応聞いて見たらどうじゃ」

「それは聞いて見たのですが、先生にお目に掛かれば、分かることだといって、どうしてもいわないのです」

「そりゃ不思議じゃ」

板垣は、しきりに考え込んだ。左右にいた同志は、板垣に向かって、

「何だか怪しい奴ですから、断った方がいいでしょう」

「千人に近い子分を持っていて、大阪では第一の親分ですが、要するに博徒のことですから、政治思想などのあろうわけもなく、あるいは警察方面の使嗾《しそう》で、先生に危害でも加えようとして、やってきたのではありますまいか」

「いずれにしても、面会は拒絶した方がよろしいでしょう」

各自に、思い思いのことはいうが、大体において、面会は拒絶しろ、という意見が多かった。

「まア、とにかく、面会してみよう」

「エッ、お会いになろうというのですか」

「ウム、せっかく訪ねてきたのじゃから、会って見ることにしよう」

「よほど御注意をなさらんと、危険ですから、何しろ相手が博徒では、油断がなりません」

「ナニ心配することはない。ああいう連中は、存外に解りがいいから、そうまでのことはあるまい」

取り次ぎの者が案内して、難波の福は板垣の前へきた。次の座敷には多くの壮士が詰めて、それとなく警戒する。左右に控えている同志も、それぞれに心して福の様子《ようす》に目をつけていた。

「エー、初めてお目に掛かりますが、私が難波の福と申す、つまらない野郎で御座います」

「よく訪ねてこられた。話というのは、どういうことか」

「旦那は、大阪で演説とかいうことを、なさるんだという評判でしたが、ちっともそんな様子がありませんが、どういうわけでしょう」

板垣はこの一言を聞くと、変に思ったのは、こういう連中がどういうわけで演説会のことなどを尋ねるのか、それがどうしても分からなかった。

「君は、どういうわけで、そういうことを尋ねるのか」

「へー、旦那が、演説とかいうことを、なさろうというのに、だれか邪魔をする者があって、芝居小屋が借りられないので、やらずにいるんだということも聞きましたが、それはほんとうのことですか」

「いかにもその通りで、どうしても会場を借り受けることが出来ないので、実は弱っているところじゃが、それについて、何か尋ねたいことでもある、というのか」

「辺鄙《へんぴ》な所でよければ、千人位の人は、入れると思う場所があるのですが、どうです、やってみますかね」

板垣は、思わず膝を進めて、

「ははー、演説会場を、貸してくれる、というのかね」

「へー、今宮《いまみや》の戎座《えびすや》というのを、私の名前で借りてきましたが、もし旦那が、それを使ってみようというのなら、貸してあげても宜しいのですが、どうしましょう」

「それは是非貸してもらいたい。どういうわけで、君は自分から進んで、演説会場を、貸してくれる気になったのか、吾輩には、その事情が、頓と分からない」

「私は、博奕打《ばくちう》ちですから、政治のことなんかはちっとも分からないのですが、旦那の演説を、させまいとして、会場の邪魔をするような、馬鹿馬鹿しい真似をするのが、ひどく癪に触ったものですから、私の名前で、戎座を借りてしまったのですから、旦那が使いたければ、勝手に使ったら、いいでしょう」

といって、福は戎座を借りた料金の受け取り証を、板垣の前へ出して、

「サア、この通り私が借りたのですから、小屋代の受け取り等は、旦那の方へ渡して置きます。当日になって、邪魔をする奴があれば、腕ずくでも、追っ払ってしまいますから、安心しておやんなさい」

始終を聞いていた有志の連中も、いまさらのごとく福の侠気に感じて、ただその顔をみつめるばかりであった。

板垣は、静かに福の手をとって、

「君の好意は、永く記念する」

「それじゃア、これから戎座の方へ行って、万事の仕度は、私の方でやっちまいますから、警察の方の願《ねが》いや何か、そんなことは旦那の方で、すっかりやって下さい」

「よろしい、その手続きは、吾輩の方でするから、会場のことだけは、ひとえに頼む」

「承知しました」

こうした事情から、いよいよ板垣の演説が、戎座で催されるという評判が、大阪市中に広がった。当日の盛況はいうまでもなく、表の大木戸を開いて、往来まで人を立たせた、というのであるから実に盛んなものであった。

政府が言論の自由を圧迫して、演説会場の妨害をする半面に、博徒の親分が自ら進んでその会場の周旋をした、というのは実に面白い事実である。

昔の博徒にはどうかすると、こうした気風の人物があって、官権の威迫を恐れなかったのだから誠に愉快な感じがする。

博徒が純な俠客であるとはいえないが、とにかく、権力や金力に反抗して、思ったままに振る舞って行くところに、昔の博徒の真価はあったのだ。

（二）松五郎と上方

私が覚《おぼ》えてからの選挙で、官権の干渉が最もはなはだしかったのは、明治二十五年の時である。総理大臣は松方正義で、内務大臣が品川弥二郎であった。松方という人は、世間でも知る通りの好人物であって、激しい選挙干渉なぞの出来る人ではないが、何しろ吉田松陰の教えを受けた、火のごとき気象を持っている品川が、その局に当たったのだから堪《た》まらない。

初期の議会以来、民党の連合は、いよいよ堅くなって、毎議会に起こる政府反対の気勢は、いやが上にも、強くなってくるのでさすがの山縣も、ついに尻尾を捲いて逃げ出したくらいであるから、その跡を引き受けた松方内閣の苦しさは一通りでなかった。

品川は内務大臣の椅子に就いて、静かに議会の空気を見ていると、何でも構わず、政府の原案は叩き潰《つぶ》してしまえ、という状勢がはっきり見えてきたから、そこで解散の臍の緒を引き締め、総選挙の上に手加減を加えて、政府の味方をすべき代議士の当選を多からしめよう、と考えたのである。

それにしても、自由党と改進党がその中堅となって、民党連合は出来ているのであるから、その総選挙に打ち勝とう、とするのには並一通りの手段では難しいと見て、干渉の方法を考えるに至った。

品川は議会の解散と同時に、地方長官および警部長を東京へ呼び上げて、空前絶後ともいうべき訓示を発した。

「民党の代議士が闇雲に反対して、政府案を不成立に終わらせることは我国家の前途に対して、実に寒心に堪えざる次第である。このたびの議会解散も、まったくそれがためであって、政府としては止むを得ざるに出でた次第であるが、その結果として、近く執行される総選挙には、真に国家のためを思う善良なる代議士を、多く出だす必要があるのだから、諸君もその心持ちで取り締りを厳重に行ってもらいたいのである。

元来、自由党や改進党の領袖が、訳もなく政府に反対するのは、はなはだ怪しからんことであって、そういう者が多く議席に就いている限り、国家の行政は決して円滑に行えるものではない。従って、それらの者が当選することは国家の不利益であるから、一人も選出させない、という位の、心構えをもって、この選挙に臨む必要がある。

もっとも、選挙終了ののちは、圧迫を加えたとか、あるいは干渉したとかいう、非難も起こるであろうが、その責任はすべて我輩が負うつもりであるから、諸君は安心して厳重な取り締りをすることにして欲しい。

これに関する詳細の打ち合わせは、白根次官によく申し含めてあるから、ゆっくり打ち合わせをしたら宜かろう」

要するに、品川の訓示は選挙干渉を思い切りやれ、という意味になるのだ。その後も、それに類似したことはあったけれど、内務大臣が自ら責任を負う、というまでに立派に言明した干渉の訓示は、二度とは無かったように思う。

それであるから、この時の干渉は実に乱暴狼藉を極めて、一々その実例を挙げても、今の人達は容易に信用しまい、と思うくらいにひどいものであった。

放火、殺傷、脅迫、買収、あらゆる手段が行れて、民党の領袖はいずれも一通りならぬ苦しみを見たのである。犬養毅が殺されはぐったのも、この時のことであった。松田正久や武富時敏が落選したのもこの時の選挙であった。

林有造と片岡健吉を倒すべく、安岡雄吉と片岡直温を候補者に押し立てて、放火もやれば、殺傷も行い、官服を着けた巡査が博徒や壮士の指揮をしているのだから、それを相手に競争する民党の候補者は真に生命がけであった。それでも、片岡と林有造が当選の見込み充分、ということになったから、ことさらに投票を読み違えて、安岡と直温が当選したなどという、乱暴なことまでも行ったのだ。

それほどの干渉が行れたけれど、全国を通じて民党の代議士が、多く当選したのだから、いささか人意を強うするものがあった。さらに、その頃は記名投票であっただけに、投票する国民も、実は生命《いのち》がけでやったようなものだ。昨今の国民に果たしてこの気概があるかどうか、はなはだ疑わしいことだ。

東京の市部においては、日本橋区の藤田茂吉と神田区の角田真平を落選させようとして、警視庁はその全力を注いだものだ。

当時の総監が園田安賢という人であった。個人としては、あまり悪い人物でもなかったが、なにしろ鹿児島県人ではあり、品川配下の役人として、干渉の手先になるのは止むを得ざる次第であったろう。

神田では渡邊義雄という代言人を押し立て、日本橋区からは安田善次郎を挙げて、角田と藤田を落とそうとしたのだ。ただし、安田は中途で止めて、元日本橋区長の伊藤正信という者が、藤田の向こうに廻わったのだがこれは安田と違って、はなはだ力の無い者であったから、藤田の当選はだれが見ても確実であると思った。

独り神田は、なかなかそんなわけに行かず、警察側の者はほとんど死力を尽くして、角田の味方を迫害したのである。

神田の松枝町に伊東松五郎という博徒の親分があった。綽名《あだな》を住吉町の爺さんといわれて、非常な勢力を持っていた人である。

丈は余り高くなかったが太り肉で、色白な上に、一種の品格を持っていたところは、清水の次郎長に似通っていた。私も次郎長には一度会ったことがあるが総ての点において、松五郎と似ていたのも不思議である。


「親分ッ」

「何だ」

「神田の警察から、親分に会いてぇ、といって、警察がやってきやしたが、どうしたもんでしょう」

「フフン、いつもの巡査じゃねえのか」

「へー、警部ですよ」

松五郎は暫く考えていたが、

「よし、こっちへ通しねえ」

やがて、一人の警部は松五郎の前へ案内された。

「ヤア、君が、伊東さんかね」

「そうです」

「実は、何か知らんが、警視庁の方から、すぐに君を同道してきてくれ、というのだが、ちょっと一緒に行って貰いたいものだ」

「ハハア、警視庁から、御用だというのですか」

「そうじゃ」

警部は、少し声をひそめて、

「総監閣下が直接に会いたい、と仰るんだから、とにかく行くことにしたら、どうじゃ」

暫く考えていた松五郎は、

「承知いたしやした」

「車を持ってきたから、一緒に行って貰いたい」

「たいそう御丁寧ですね」

といって、松五郎は、ニヤリと笑った。


総監の室には大きいテーブルを控えて、その上には紙幣の束になったのが積み上げてあった。どういうわけか、積み上げた紙幣の上には白い布が掛けてあった。

松五郎は、テーブルを隔てて、園田総監と差し向かいになっているのであった。

「君の名は、あらかじめ聞いていたが、子分と称する者はなかなかたくさんあるのかナ」

「へー、五、六百人は御座いましょうが、みんな仕様のねえ奴ばかりでありますから、サアという時の役に立つ奴は、幾らもありません」

「とにかく、君を呼び出したのは、ほかのことでもないが、このたびの総選挙について、その子分を働かせて貰いたいのじゃが、君の考えはどうか」

「私は、しがねえ博奕打ちのことで、選挙なんてえことは少しも判からねえのですが、全体、どんな事をしろ、というのですか」

「つまり、渡邊義雄という人を勝たせればよいのじゃから、角田真平に賛成の有権者を、抑え付けて、渡邊に投票させるようにするのじゃ」

「もし、投票する人が、角田でなけりやア、厭だといったら、どうなるのでしょう」

「その時は、君等が手心を用いて、投票の出来ないようにしてしまえば、よいのじゃ」

「手心といって、どういうことをすれば、いいのでしょう」

「その辺のことは所轄の警察の方で心得ているから、よく相談して行ったらよかろう」

松五郎は、じッと考え込んだ切り、返事をしようとしない。

「どうじゃ、引受けてくれるか」

「御免蒙りやしょう」

「エッ、何じゃと」

「そんな馬鹿馬鹿しいことは、私には出来ねえから、真平ら御免だ」

これを聞くと、園田の顔色は少し変わって、その態度も今までのような優しみがなく、まるで松五郎を睨みつけるようにして、

「お前らは何をして食っているのか、この方の目滾《めこぼ》しで蔭の商売をしているのではないか、国家のために一日の御奉公をしろ、というのに、それが出来ないとはどういう訳だ」

「お叱りで恐れ入りますが、出来ねえことは出来ねえと、申し上げるほかはねえのですから、このことは御免を蒙りましょう」

「なぜ引き受けられぬか、その次第を申せ」

「別に次第といって、申し上げるほどのこともありませんが、仰せのごとく、私の商売は、博奕を打つことなのですから、私の賭場へきてくれる人は、だれでもお客様です。多くの中には、渡邊という人へ、投票する者もありましょうし、また角田という人でなければ、厭だという者もありましょう。それを腕ずくや脅かしで、かれこれするのは、私の商売柄として、誠に迷惑なのでありますから、御免蒙ろうというのに、不思議はありますめえ。国家がどうしたとか、政治が何だとかいうような、そんな六ケ敷《むずかし》いことが判かるくらいなら、博奕打ちなんぞは、仕ちゃいねえのだ。ヘン、面白くもねえ」

この答えには、さすがの園田も驚いて、二の句が継げなかった。

松五郎は選挙干渉の手伝いを見事に断わって、松枝町の家へ帰ってくると、すぐに重立《おもだ》ちたる子分を集めて、詳しくこの事情を打ち明けた。

「こういうわけだから、明日からは思うように商売も出来めえ、と思うばかりでなく、警察の奴等に睨まれたら、一日も安穏にしていることの出来ねえ身分だから、いっそのこと、これを機会に足を洗ってしまおうと思うから、手前達も今日限り縁をきって、元の博奕打ちでやって行こうと、また堅気になろうと、それは銘々の勝手にして盃を返して貰いたいのだ」

不意の出来事で、親分からこう言われたのでは、子分の方でも、即答が出来なかった。

ところへノソリと入ってきたのが、四ツ目の上万であった。本所の四ツ目に家を持っていたので、世間の人は四ツ目の親分と称したものだ。博徒としては松五郎より顔がよかったけれど、縄張がよくなかったのでいつも貧乏していた。けれどもその気分からいえば本当の博徒で、少しも変則を辿《たど》らず、生涯を生一本《きいっぽん》の博徒で終わった。

松五郎の前にたくさんの子分が集まっていて、何か知らぬが、ゴタゴタしている様子をジロリと見下して、

「オイ、住吉ッ」

「ヤア、よくやってきたな、まアこのところへ坐ってくんねえ」

「何か始まったのかナ」

「ウム、少しばかり……時にいいところへきてくれた。お前が聞役になってくれたら、この上もねえことだ」

「全体、どうしたッてんだ」

「お前は、前触もなく、どうしてやってきたんだ」

「実は、変なことで警視庁へ呼ばれて、今その帰り掛けなんだが、どうも呼ばれたのは、おれだけじゃアねえようだから、お前の所へ寄ってみたら、少しは様子も知れようかと思って、急に思い付いてやってきたんだ」

「そうか、それじゃア、お前も呼ばれたのか」

「エッ、お前もッていったようだが、そうすると、やっぱりお前は呼ばれたのか」

「その通りだが、お前は何といってきたな」

「警視総監ッて奴に会ってきたが、変なことをいっていたぜ。まるでおれ達を、犬殺しかなんぞのように思って、罪も科もねえ人達を斬ったり張ったりしろ、というのだから、綺麗さっぱり、断ってきちゃったんだ」

「そうか、そいつアいいことをした。おれも断って帰ってきたところだ」

「それにしちゃア、おかしいじゃアねえか、若え者を集めてどうしようッてんだ」

「警視総監の頼みを断ったから、どうせ明日からは、睨まれて満足に商売も出来めえし、なまじいおれの子分だといわれたら、ひどい目に遭うだろうと思って、盃を返してくれ、といっているところなんだ」

「そうかい、それアいいことを考えた、おれもこれから家へ帰って、そうしようと思っていたところなんだが……」

と、いいながら上万は、子分の方をジロリと見た。

「今、住吉町からわけは聞いたが、手前達はどうするつもりだ」

子分の中の、上に立った者が二、三人膝を進めて、

「これア、四ツ目の親分、いいとこへきておくんなすった。家の親分のいうことは、よく判かっているが、一つ判からねえことのあるのは、こんなことで親分子分の縁を切ってもいいものでしょうか。お互いに親や兄弟のいうことさえ聞かねえで、こういう稼業になっちまって、親分子分の盃を取り交わした以上は、死なば諸共というのが本当でしょう。いくら親分が、なんといったって、盃は返さねえつもりです」

「流石《さすが》によくいった。それが本当の博奕打ちの了見だ。昔から大きい親分になった貸元も、なかなか少なくはねえようだが、どうかすると、二足の草鞋を穿いて、犬のような真似をした奴が、幾らもあったもんだ。おれやア若え時分から、そんなことがでえ嫌えなんだ。今日も、警視庁でいろいろ甘えことは聞かされたが、聞いているうちに、耳の穴がムズムズして厭になっちまった。あんまりしつこくいうから、小ッぴどくはね付けて帰ってきたんだが、さぞ腹の立ったことだろう。どうせこの仕返しがあるものと思っているのだが、手前達も鼻ッ張りだけの強がりでなく、しっかり褌《ふんどし》を締めて掛からねえと飛んだことになって、住吉町の顔へ泥を塗るようなことを、しちゃアいけねえぜ」

それから住吉町が上万に代わって、子分へこれから先のことをいろいろ言い渡して、盃を返させることはやめたが、当分は賭場も開けず、住吉町の一家はかなり苦しい立場になったのである。

もっとも、上万の方でもその苦しみは同じことであったが、負けぬ気の上万は自分の生活をつめて、子分の救済に努めていたのである。

この二人を除いて、そのほかの親分なるものは、総て警視庁の手先になって、民党側の有権者を迫害したのだから呆れ返る。

私は、当時の事情を直接に知っているだけに、この二人に対しては深い敬意を持っているのだが、今では二人共にこの世を去ってしまったが、誠に珍しい俠客であった。

13　東西女俠客伝

宮本　良

（一）柳屋お藤

一

明和安永年間、江戸にこんな小唄が流行した。

なんぼ笠森おせんでも　銀杏娘にかなやしまい
　どうりで南瓜が唐茄子だ

江戸浅草観音境内の柳屋という楊子店の楊子売り子のお藤、年は十七、美しい上に愛嬌がいい。柳屋の店先は楊子を買う客で賑わった。唄でお藤を銀杏娘といったのは、柳屋が観音堂の右手の大銀杏樹の下にあったからである。浮世絵師鈴木春信がこのお藤に目をつけ、これに笠森おせん、葛屋のお芳を加えた三人を、三枚続きの錦絵に描いて売り出したところ素晴しい人気を取った。当時お藤の評判は笠森おせんをはるかに凌駕していた。しかし、およそ少しでもこの世の人間苦を味わったことのあるものなら、美しい朗らかな、お藤のやさしい瞳の中に、秋風のようなわびしい影が宿っていることを、恐らく見逃しはしなかっただろう。

お藤の半生にはこんな哀れな挿話がある。

彼女の生まれは紀伊国和歌山城下、父は里見新太夫といって紀州大納言譜代の家臣、兄を新之丞といった。母を早くから喪《うしな》ったお藤にはこの二人よりほかに頼る者はなかったが、人間の寿命というやつは一寸先もわからないもので、五十に手が届くにはまだ間があった新太夫は、仮初《かりそめ》の病いから枕について間もなくこの世を去ってしまった。

そこで、兄が里見家百五十石の家督を相続したが、この新之丞という男は武家に生まれるべき人間ではなかった。というのは、剣道がきらい、弓術がきらい、馬術はなおさらきらい、およそ武士としての身嗜みを新之丞はことごとく嫌って、観世流の謡曲や小鼓の研究に浮身を窶《やつ》していた。何事も好きこそものの上手なれで、新之丞の芸はだんだん他人の追従を許さないほど奥深いものになって行った。しかし、ここまでくるともう余技が余技では済まされない。いわゆる粋が身を喰うというやつ、ふとした機会で知った初代中村仲蔵という俳優と懇意になったのが病み附きで、新之丞はそれからというものは小鼓を袖の下へ忍ばせて楽屋通いをするようになった。

それがだれからともなく上に聞え、武士たる者が河原者の楽屋へ出入りするとは怪しからぬ所業とあって、即日百五十石の知行お召上げのうえ、新之丞とお藤とは阿呆払い《あほうばら》い（武士の資格を奪って追放する刑罰）仰付けられてしまった。

かくしてお藤の波瀾に富む生涯の一歩ははじめられたのである。

二

禄を離れた新之丞は妹お藤をつれて悄然と和歌山城下をあとにした。わずかな路銀をたのみに一路江戸へ下って、ここで一旗揚げようと浅草今戸町のとある小さな借家に落ち着いた、時は明和四年（一七六七）十月七日のことであった。

それから新之丞はここで旗本とか大名などの屋敷へ出入りして、謡や小鼓を教えていかほどかの報酬を得て生活を立てていたが、さすが大江戸の諸式は和歌山などの比ではない。とうとうその日にも困る境涯におちいった。こうなって見ると、何がさて頼る辺のない他郷、居食い売食いするよりほかに途《みち》はない。兄妹は途方に暮れてしまった。

この時、お藤は女ながらも健気な決心を決めた。お藤はこうして前記柳屋へ売子として雇われたのである。朝は兄の身の廻りを世話し、昼は店で愛嬌を振り撒き、夜は近所の縫仕事というありさまで、お藤の小さいからだは一分の暇もなかった。

お藤が笠森おせんを凌いだのにも無理はない。しかし、運命というものは銭金よりもっと皮肉で瓢軽者《ひょうきんもの》だ。この美しい善良な小娘を、あられもない長脇差の世界の人にする日がやってきた。それは明和五年三月二十日のことであった。桜の花の真盛り、数万の老若男女で賑わっている浅草観音の境内で、日本橋本石町三丁目紙問屋桔梗屋利兵衛の娘お絹が、悪漢のために難題を吹きかけられているのを見て、溜り兼ねたお藤が、

「お前さん達、か弱い娘さんをどうしようというのだねぇ、天道様は見通しだよ、妾もちっとは知られた柳屋お藤、馬鹿な真似でもしてごらん、可哀そうだがお前さん達の首は、無事に胴へはつけておかないよ」

と、美しい目に殺気を帯びた啖呵《たんか》、二人の男は度肝を抜かれて這々《ほうほう》の体《てい》で逃げ去ってしまった。お藤は蒼くなって震えている桔梗《ききょう》屋の娘を介抱しながら、これを家まで無事に送り届けてやった。

これが大変な評判になった。あのやさしい小娘が大の男二人までも手玉にとったというので、江戸八百八町は大層な騒ぎ。しかし、お藤にしてはあの位のことは何んでもなかったことだろう。なぜなら、男というものの弱点をしっかりと摑んでいる美しい女にとっては、凶暴な男ほど御し易いものはなかっただろうから。お藤はいわゆるタクトというやつをちょっと用いたに過ぎない。腕力があったわけではなく、剣道に秀でていたわけでもなかった。ただ女として馬鹿ではなかっただけである。

しかし、世間はそれでは承知しなかった。お藤は偉い、摩利支天《まりしてん》の再来だなどと、勝手気ままな賞讃を浴びせた。人間の一生涯のうちで一番危険な時は、世間からヤンヤと持て囃されることだろ

う。お藤は悧好な娘といっても、若い女、世間の投げる無反省な暗示に身も心もしびれていった。これを見て一方ならない心配をしたのは兄新之丞であった。おりに触れてはお藤を兄はたしなめるのだが、お藤はもうそんな言葉に耳を傾ける女ではなくなっていた。

お藤の俠名は日に日に昻《たか》まっていった。

三

やがて、秋がきた。

新之丞兄妹は衣更えをして冬支度をそなえねばならなかったが、貯えといっては一文もなかった。ある日のこと、新之丞はいつものように出入りの饗庭郷太夫という旗下の屋敷へ小鼓を教えに行くと、顔色がよくないが何か心配事でもあるのかと郷太夫は聞いた。そこで新之丞はすべてを打明けた。すると、郷太夫は非常に気の毒がって五十両の金を快く貸してくれた。兄妹の者は郷太夫の好意を感謝した。

ところが、間もなくこれが郷太夫の詭計だということがわかった。郷太夫はもとからお藤に懸想していた。そこで、新之丞にまず五十両の金を貸して恩を着せ、義理にからませてお藤をわが物にしようとしたのである。

ある秋雨の降る静かな夜のことであった。どこで一杯引っかけてきたか、郷太夫真赤な顔をして、新之丞の家へやってきた。いやしくも大身の旗下《はたもと》が何用あって来たのかと新之丞、恭しく郷太夫を入口まで出迎えた。郷太夫は傍《かたわら》で着物を畳んでいるお藤をジロリと眺めた。

「新之丞どの、拙者折入って貴公に頼みがあって参ったのじゃ」

「はて、如何《いかが》な御用筋でございましょうか。私に出来ますことなれば——」

「忝《かたじけ》ない、実は、貴公の妹御を拙者の妻に申しうけたいが、いかがだろう」

お藤はハッとして顔をあげた。

ここに至って初めて万事が解った新之丞、屈辱と怒りとがかわるがわる胸中に燃えあがった。金は金、お藤はお藤、郷太夫の卑しい心根が新之丞は憎くてならなかった。新之丞はキッパリと郷太夫の申し出を断った。郷太夫は新之丞から手酷く断られたので、折り返して頼む勇気もなく悄然として帰って行った。その後で、お藤は口惜しいといって兄の前に泣き伏した。

それから三日目の夕方、郷太夫は最後の手段として、お藤が柳屋をひけてわが家へ帰る途中を襲って、無理矢理にお藤を邸《やしき》へ淩《さら》って行こうとしたが、かえって郷太夫はひどい目に遭わされて逃げ帰った。

四

お藤の俠行は数限りもなくあるが、畳屋五郎蔵というスリの親分を改心させたことや、入谷田圃で当時美人で有名だった女乞食のお浜というのが、土地の若者達のために暴行されようとしたのを救ったため、ある晩そのお浜が手拭い一本持ってお藤の家へ礼にきた話などは、お藤一生涯の傑作であったろう。

お藤の噂がいつか旧主紀州家に聞こえていた。貧しい暮らしこそしているが、人として、また旧紀州藩士として、主家を辱めるような所業のないことが解ったので、新之丞はめでたく帰参が叶えられて、改めて百五十石の禄を与えられることになった。

新之丞は武士として固く節義を守った報いがきたと打ち喜んで、お藤をつれて故郷へ帰ろうとした。が、お藤はこれを断った。

「ならずものの気風の滲み込みました妾《わらわ》、もうとても固苦しい武家の生活は出来ませぬ。住み馴れて見れば江戸も故里、いまさら和歌山へ帰ろうとは思いませぬ」

しかし、お藤の目には別離の涙が光っていた。何事も兄の行末のためと思えば、お藤はどんな悲しい思いも耐えねばならなかった。

安永元年（一七七二）四月十七日、新之丞とお藤とは西と東へ別れた。しかし、これが永遠の別離になろうとはだれが知っていたろうか？

翌、安永二年一月十五日、吉原堤で浪人者が抜刀で町人を脅かして金を奪おうとするのを見て、飛び込んで行って町人を助けようとしたが、この浪人が見事な腕前であったためにあわれ、お藤は無惨の最後を遂げてしまった。

かくして、明和安永の名花一輪、ポッタリと地上に顚落《てんらく》したのであった。

(二) 井筒屋小糸

一

今から約百八十年前、年は宝暦、九代将軍家重の時代、米の成る木はわしゃ知らぬ、井筒屋小糸は備前岡山池田家の臣澤井主膳の娘として生まれた。本名をのぶといった。お信《のぶ》が十四になった年の六月、主君から預った茄子の茶入れを紛失したために父主膳は切腹、家は改易、母はお信をつれて泪ながらに故郷を後に旅に出たが、どうかして紛失の茶入れを捜して夫の霊を慰めたいとあっちこっちを捜して歩いて、とうとう堺の大和橋のほとりへ辿りついた。

すると、急に気分が悪くなって路傍へ母は倒れてしまった。お信は驚いて介抱したが母はますます苦しむばかりであった。ようやく通りがかりの男手を借りて近くの旅籠屋へかつぎ込んで、さっそく医者よ薬よと手を尽くしたが、その夜病が急変して母はこの世を去ってしまった。この時お信は十四の小娘であったが、健気にも母の遺志を継いで茶入れをどうかして捜し出そうと決心した。

しかし、旅で孤児となったお信、西も東もわからないので途方に暮れた。旅籠屋の亭主安右衛門という人が大層お信の境遇に同情して、まず母親の野辺の送りの世話をしてくれ、お信は行き所が出来るまで女中代わりに使われることになった。

ところがある日のこと、この安右衛門の旧主人堺の薬屋長左衛門が夫婦で店先を訪れた。長左衛門夫婦は子供がないので、住吉神社に三七日《さんしちにち》の祈願をこめたが、丁度その日で満願になったので、無沙汰の挨拶かたがた安右衛門宅を訪ずれたのであった。

お信は主人にいいつけられて奥の間へ茶を持って行った。長左衛門が見ると見知らぬ美しい娘、不審に思って安右衛門に訊ねた。そこで安右衛門は一切の事情を打ち明けた。すると長左衛門はポンと膝を叩いた。

「うむ、解《げ》せた！　これこそ住吉様の御利益だ。どうだ、安右衛門、あの娘をわしのところへくれんか、わしはあの娘を養女にしたいと思うんだが」

のんきなおやじもあったもので、何もかも住吉の利益にして話を纏めてしまった。お信の喜びは一方でなかった。お信はその日から薬屋長左衛門娘となったのであった。

ところが、その翌年の二月の夜のことである。半町ばかり先の家から出た火事で、長左衛門方も全焼した上、帳場の金箱に入れて置いた他家から預かった五百両の金子、これを何者かのために盗まれてしまった。このために長左衛門は女房、お信をつれて大阪に出て、わずかな資本で小商売を初めたが、とても五百両の金を返す見込みはつかなかった。矢のような返金の催促は月に幾度となくくるけれど、一家はその日の暮らしに追われるばかりであった。

そこでお信は遂に決心した。おのれから望んで新町井筒屋に身を売って五百両の金を返した。間もなく養母は死に、養父長左衛門は眼病にかかった。お信は芸名を小糸とつけた。天満橋の裏河岸に父を住まわせて、充分の仕送りをして眼の治療をさせたので、長左衛門の眼は案外早く癒ってしまった。一方、小糸の人気は素晴しいものだった。井筒屋は小糸一人のためにめっきり繁昌しだした。

二

大阪屈指の富限者中島屋喜四郎という老人が、この小糸に熱くなった。百金、千金、胸の高さまで積みあげたが、小糸は中島屋に肌をゆるさなかった。そのあげく、すっかり意地になった中島屋は二千両投げ出して小糸を落籍するといい出した。

小糸は鼻で笑っていった。

「御親切は有難うござんすが、お金のために女の操を売りたくはござんせぬ。この旨をしかと御承知下さった上のことならば、なんの異存がございましょうぞ」

中島屋はますます小糸を深く思った。今宮に広壮な別荘を造り、数人の女中をつけてこれへ住まわせた。そして、夜となく昼となく、暇さえあれば中島屋は小糸の許へ通った。しかし、小糸の返事は同じであった。

その翌年の三月の末のことであった。もう山桜が庭にはらはら散るというある夕、突然、生垣の外でただならぬ物音、小糸は何事かと縁先へ出て見ると、一人の武士が十数名の武士に囲まれて斬り結んでいた。もう既に斬り倒された者は地上を唸りながら苦しんでいた。

暫くすると、庭の折戸が荒々しく開いて、一人の若侍が血だらけになって入ってきた。小糸の姿を見ると庭石に手をついて、

「無断で推参したる段申訳なし、拙者、故あって世を忍ぶ者、只今余儀ないことから四、五人を斬り伏せ、身を隠すところがなく、無体と知りつつ驚かせ申した。何卒暫くの間忍ばせて戴きたい」

小糸は気の毒に思ってこの若侍を家へ上げ、取りあえず女物ではあるが自分の着物に着更えさせ、髪も女風に結い直した。若侍は年のころ二十四、五の女にしても見まほしい美男であった。

小糸は若侍に刃傷の経緯を訊ねた。

三

この若侍は大和郡山の藩士で別所春五郎という者、同藩宮永源次郎というのが兄義左衛門を暗討して逐電したので、大阪城内へ逃げ込んではいまいかと、大阪へきてようすを探って見ると、果たせるかな、宮永は山本典膳と変名して城内松平伯耆が家来になっていることが解かった。そこで、宮永の山本典膳が城外へ出たところを討ち取ろうと狙っていると、その日今宮で十四、五人連れの武士の中に彼の混っているのを発見したが、典膳は大勢をたのみに春五郎を返り討ちにしようとし

た。春五郎は弱年だが心陰流を能くする者、たちまち四、五人を斬伏せ、三、四人に重傷を負わせた。典膳はこのありさまを見て一同とともに逃げてしまった。

春五郎は今更に途方にくれた。降りかかる火の粉は払わねばならぬとしても、とにかく伯耆守の家来を四、五人斬り倒したのであるから、追手のかかるは必定のこと、グズグズしていて奉行の手先に捕えられては一大事、一時姿をかくすよりほかはないと、思いあまって小糸の家の庭先へ飛び込んできたのであった。

小糸は春五郎を二、三日の間は忍ばせておいたが、何をいうにも女ばかりの家、どうも人目につき易い。そこで、かねて見知り合いの高麗橋際天神の吉五郎という侠客の家へ、小糸は春五郎を預けさせた。

一方、山本典膳は春五郎に附け狙われていては、一日も枕を高くすることが出来ないので、同僚の阿部弥十郎、菊地半左衛門そのほか数名の助勢を受け、どう手を廻したか春五郎が天神の貸元の家にいることを突き止め、卑怯にも小糸の偽手紙を送って春五郎を天王寺裏へ誘き出した。

天神の吉五郎はどうも様子がおかしいと見てとったものだから、すぐさま乾分《こぶん》を小糸の許へ走らせた。小糸にとっては寝耳に水のこと、それは一大事とばかり父切腹の際譲られた伝来の一刀を提げ、駕籠を飛ばして駆けつけると、春五郎は十四、五人に取り囲まれて将《まさ》に血の雨を降らそうとするところ

小糸は一刀抜いて斬り込んだ。

この時、乾分の知らせに驚いた天神吉五郎は、五、六十人の乾分をつれて助勢にきた。

春五郎は首尾よく仇敵を斬り殺した。

白刃の閃き、叫喚の波、物凄い血の雨が更に更に大きくなった。

四

この急報に接して、町奉行北條安房守配下栗島忠太夫、組下をつれて馬を煽って駆けつけた。

一同は組下の者に護られながら奉行所へ引かれた。取り調べによって、一切の事情が明白になった。信によって兄の仇を討った春五郎はお構いなし、典膳は殺され損で死骸は取り棄てられた。阿部弥十郎、菊地半左衛門等は、悪人に加担して春五郎を害そうとしたこと不届千万とあって、食祿を召し上げられた上、阿呆払《あほうばら》い仰付けられた。その他加勢した者も同断。小糸と吉五郎とは義によっての助太刀であるが、城内をも弁えず多くの人を殺した罪、そのままには棄て置き難しとあって、西島へ流罪の宣告を受けた。

西島というとちと大袈裟に聞えるが、実は西島は大阪の廓内で、ここに奉行の別宅がある。そこへ一時お預けになったまでのこと、半月経つと両人は放免になった。

春五郎は錦を飾って柳澤家へ帰参した。

小糸の侠名は一時にあがった。間もなく、小糸は二千両の金を天神の吉五郎に集めて貰い、これを中島屋喜四郎に返して自由の身となった。ここまで女の意気地を立てられて見ると、中島屋も男の端くれ、そうそう汚いこともいってばかりはいられなかった。きっぱりと小糸の申し出を聞いてやったうえ、今宮の別荘はのしをつけて小糸に与えた。

五

郡山の藩主柳澤侯は春五郎の物語によって小糸を知った。さっそく、辞を低くして小糸を招いた。小糸は外ならぬ藩主の招き、気はすすまなかったが急いで御前へ伺候した。行って見ると、父切腹の原因であった茄子の茶入れが、どう廻ってきたか柳澤侯の手許にあることがわかった。小糸は運命の不思議なことに驚きながら、仔細を柳澤侯に申立てて茶入れを貰い、これを旧主池田家へ納めた。功によって澤井家再興の恩命があったが、悲しいかな、小糸は女の身、これをさびしく固辞して、再び漂然と岡山を去り大阪へ出たが、間もなく、何を小糸は感じたものか、玉縁《たまぶち》の編笠に美しい顔をかくして、住み馴れた大阪をあとにどこともなく立ち去ってしまった。

その後の伝記は不幸にして伝わっていない。

14　伊豆俠客物語　久八騒動

栗原　誠

嘉永六年（一八五三）の夏から翌安政元年の秋にかけて、相模国足柄下郡岩村——というのは、今の熱海線の根府川駅と真鶴駅との中間の漁村であるが——附近は大小の船舶が輻輳《ふくそう》（集まり）して、山から切り出す割栗石《わりぐりいし》を積んでは江戸へ運んでいた。江戸では外夷防禦のために品川沖に砲台を築くことになった。

これは伊豆韮山の代官江川太郎左衛門がヘンケルベルツ氏の『築城術』所載の間隔連堡中「レドウデン」の「リニー」式によって設計したもので、いわゆる七ツの御台場である。それに今の岩村から切り出した割栗石を使うのであって、どしどし海中に投じて七つの小島を築いて行くのであった。

だから岩村の繁昌は大したもので、何百人という石屋が山に入って石を切り出す、それを運ぶ人足、積んで行く船の船方、さてはそれをあて込みの物売り商人といったようなものが近郷近在から集まってきて、ふだんは置き忘れたようなこの漁村もにわかに大騒ぎをやっていた。

なにしろ人足や船方達がいい金が取れるので、使いようも荒くて、酒だ女だといったほかには、盛んな博奕場が幾ヶ所も開かれて、喧嘩口論の絶え間もなく実に物騒なことになってきたので、山の請負人の甲州郡内の人天野開造も実は手に負えないで困っていた。

そこへぶらりとやってきたのが、大場の久八親分であった。

久八は二、三の子分を使って賭場の整理をやらせると、何しろ聞えた親分のことであるから、いい加減のならず者どもはたちまちに閉息してしまって、もちろん賭場は盛んになったが、何事も穏《おだや》かに納まるようになった。天野開造はこれがために非常に久八を徳として、是非兄弟分になってくれということであった。

「いや、滅相もない、旦那方と兄弟分なんて話があるもんじゃござんせん」

と辞退したがぜひにというので、それならばと、

「飲み分けの兄弟分」

ということになって甲乙なしの対等の交際ということになった。それで久八もしばらくこのところに足を止めることになった。


ところがある日、掛川無宿の源太郎という旅人が尋ねてきて、しばらくおいてくれということであった。久八は何か見るところが有ったのか、どうも都合があって置くわけには行かないが、この先の真鶴の儀左衛門という親分のところへ行って見なさい、といって送り付けてやった。この儀左衛門という男は、小田原侯の手先をつとめて、いわゆる岡っ引き親分というやつであった。

で、源太郎はしばらく真鶴に落ち付くことになったが、何しろ小才のきいた男で、うまく取り入ったものだから、すっかり儀左衛門の気に入ってしまって、何事も源でなくちゃならない、というようになった。源太郎はその後もちょいちょい久八のところへ遊びにやってきた。

一体この岡っ引きなどをやる奴は、純粋の博奕打からいえば外道で、あまり好感をもって見られなかった。儀左衛門は久八とは段違いでどうすることも出来なかったが、久八から見ればいくらか邪魔にもなるし、嫌な奴だと思わないでもなかった。で源太郎が遊びにきた時に、

「儀左衛門は近頃どうだ」

というようなことをきいて見た。

「いやどうも豪慢ないやな奴ですよ。わっしもあんなところに永くいる気はありませんや」

ということであった。

「そうか、そんなら行きがけの駄賃に……な」

というので眼をねぶって見せた。源太郎もうなずいて帰って行った。

山の丁場というのは石切場のことであって、いずれも石を取った後の絶壁に取り囲まれて、博奕を打つには屈強の場所であった。その丁場で毎晩いい博奕があるということを源太郎は儀左衛門の耳にささやいた。

「うんそれはよかろう、一つ出かけて見べい。他の奴等に聞かれるとうるせえから、今夜われと二人で行ってみべい」

ということになった。それでその晩、儀左衛門は仕度をして、二、三百両の金を懐にねじこんで、源太郎に小田原提灯を持たせて出かけて行った。浜の石ころ道を上がったり下ったりして段々と山の中へ入って行った。

「源、まだか、だいぶ遠いな」

「なにもうじきです。何しろ暗えからな。おっと親分、そこをこう下りてこっちへお出なせえ」

と提灯を差し出して、やりすごして置いてから、持っていた匕首《あいくち》の抜く手も見せず儀左衛門の脇腹へぷつーりと突き通した。

「うーん」

といったままばたりと倒れると、源はすばやく懐へ手を入れて金を捲き上げて、首を切り落として風呂敷に包んで、何喰わぬ顔をして岩村の久八のところへやってきた。

「親分御覧なせえ、これです」

と風呂敷包をちょっと解いて見せた。

「うんそうか、じゃ俺は知らねえことにする」

源はその足で真鶴を通り越して吉浜へやってきて、常磐屋という呉服屋へ寄って金を崩して貰ってから湯河原に出て、裏道から日金山にかかった頃に夜があけた。それで道端の立木に風呂敷包のまま生首を吊して置いて、日金を越えて行方も知らず立ち去ってしまった。

真鶴の儀左衛門が殺されたというので大騒ぎになった。下手人は源太郎らしいということは分かったが、捕方の向かった時分にはどこへ逃げたか分からなかった。だがこれは源太郎一人のやったことではあるまいというので、調べて見ると、どうも久八がそそのかしたらしい。では久八を召し捕れということになった。久八はそれを聞くと、これも山を越して逃げ去った。

小田原の大久保侯は韮山の代官江川に通牒を発して、久八召し捕りのことを依頼してきた。代官は直ちに支配下の伊豆一円と甲州と駿州との一部に手配をした。それで村々では若い者などが竹槍を持って警戒し、夜は篝火《かがりび》をたいて通行人を誰何《すいか》した。

で、久八は一時奥伊豆へ逃げて、安良里という村の女房の里にかくれていたが、どうやらその辺も危うくなってきたので、抜け出して、猫児峠を越して湯ヶ島の方へ出ようと思って山道に差しかかってきた。もう峠近くなって、ふと向こうを見ると山の上には大勢の人が待ちかまえているらしい。そして後を振かえって見ると後からも大勢やってくる。

仕方が無いからそのへんにあった椎か何かの大木によじ登って、木の葉を身にまとうようにしてかくれていた。すると間もなくその下を大勢の人達が、がやがやといいながら通って行ったが、木の上に気がつくものは一人もなかった。久八は木から下りると直ちに道をそらしてしまった。

それから山を越して狩野へ出て、門野原から浮橋へ出て、舟山という山の中へ入って行った。どの村でも警戒が厳重で立ち寄ることが出来ないので、飯を喰うことも出来なかった。舟山というのはどこへ出ても人家のあるところまでは二～三里から四～五里もある山の中で、めったに人の行かない大森林であった。

その中をさがすと大木の根方がうつろになって、畳なら三畳もしかれるほどの広さになっているのを見付けた。そのところで雨露をしのぐことになって当分のかくれがにした。時は秋の九月のことであるから枯草を集めてきてごろ寝をしても寒くはなかった。ただ食物には困ったが、それも安良里を出る時に鰹節二連と梅干を二升ばかり持ってきたので、それをかじっていた。こうしてそのところに三十日もかくれていたのであった。

そのうちに秋も更けて木の葉は落ちるし、山には霜が降るようになった。こうなるとめったに火をたくわけにはいかないし、枯草の上にごろ寝では寒くて仕方がないようになった。それに毎日鰹節をかじっているので歯ぐきはれ上がってしまうし、その鰹節も残り少なくなった。もう三十日もたつのだからよかろう、というので山から出ることにした。

山から下《くだ》って柏谷《かしや》という村へ出てみた。日の暮れ頃を見はからって、知り合いの家へ尋ねて行ってみた。ちょうど十月の亥《い》の日《ひ》で、猪《い》の子餅《こもち》といって、この辺の農家では牡丹餅をこしらえていた。その家の人達は久八の姿を見て驚いて、家の中では見つかると危ないからというので、平井原へ連れ出して、原の中で猪の子餅をたべさせてくれた。そのとき持って行った二升ばかりのお茶も、久八はとうとう呑みほしてしまった。

それから夜にまぎれて間宮村の自分の家へやってきた。裏口からそっと入ると、目ざとくもそれを見付けた母親が、

「まあ久かえ、何という男ずら、こんなとけぇ戻ってくるんじゃないよ。お役人が毎日見張っているのを知らねやーかのう。早うどっかへ逃げなよ」

というのであった。

それで久八はそそくさと着物を出して着がえた。久八は平生決して絹物を着なかった。この時もむろん木綿の縞物か何かの着物に木綿の小倉帯、浅黄の股引に紺の脚絆白足袋に草鞋という出立ちであった。するとここでも母親は亥の子餅を出して喰わしてくれた。そして天保銭を二輪出して持って行けという。そんなものはいらないといったが、どうしても持って行けと言って渡した。

久八は家を出て十町ばかりはなれた上沢という村の知り合いのところへ行った。ここでもまた亥の子餅の牡丹餅をくれた。そして厩の二階へかくまってくれた。厩の二階といっても、それは厩の天井へ丸竹をしきならべて何か物を置くために使われるのであった。久八はそのところに二日いた。何しろ山で鰹節ばかりかじっていて、里へ出てくれば牡丹餅を三度も喰べさせられたので、すっかり腹を悪くしてしまった。それで尾籠な話だが寝ている天井の丸竹を掻き寄せては厩の中へ便をした。

二日寝ていると腹もよくなったのでこのところを出て、それから西の方の的場という村へ行った。一時警戒を解いた村々では、久八がまた出てきたらしいというので、また物々しい騒ぎをやり出した。で、的場の知合の家では薮の中へ寝かされた。そのところに一日寝て夜に入って出かけた。

何しろ久八は大兵《だいひょう》肥満の大男であるうえに、眇《すがめ》で、入れ目はしていたが恐ろしい顔付きであった。だから人目についてとても昼間は出て歩けなかった。

ただ久八は恐ろしい早走りで、一日に三十里は楽に走るという男であった。傘を広げて胸に当てて手を放して走っても、いつまでも傘が落ちなかった、という話が残っている。それで的場を出た久八は徳倉を通って沼津へ出ようと思って山が下というところまできた。すると往来のまん中に一匹の狐がいて、じっとこちらを見て逃げようともしなかった。久八は不思議に思って話しかけた。

「狐や、お前は俺がこれから沼津へ出るのは危いというので、知らせてくれるのではないか、誠にありがたいことだ。それなら貴様の行く方へ俺もついて行くから、どうか道案内をして貰いたい」

というと、狐は横飛びに飛んで直ちにかたわらを流れている狩野川へ飛び込んで、向こう岸へ泳いで行った。それで久八も着物を脱いで頭へくくりつけて、川を向こうへ泳ぎ渡った。

それから愛鷹山の麓のいわゆる根方という地方を通って西に向かって、富士川ばたへ出た時に夜は白々と明け渡った。それで今度は富士川に沿って上流へと向かった。やはり昼は山に寝て夜ばかり歩いたのであった。で、間もなく甲州へ出て、甲府をよけて東へ向かって、勝沼笹子を通って大月から猿橋へかかった。猿橋では、無論夜であったが、大胆にも警戒線を突破して行った。するとその中に見知ったものも有ったのか、

「あれが久八だ」

という者があった。

「それッ」

というので追ってきた。で猿橋を渡ろうとして向こうを見ると、橋の向こうにも十五、六人控えている様子だ。後からは追ってくる。久八は橋の中央に追いつめられてしまった。まごまごしていると、もう両方の人数は間近にせまってくる。仕方がないので久八は、橋の欄干を飛び越して、川の中へと飛び込んだ。

甲斐の猿橋といえば日本三奇橋の一つで、橋の上からつばきを落とすと、いろは四十八文字を数えても、まだ唾が下に届かないというくらいの高い橋である。久八が飛び込んだのを見た人々は、

「それ川下だ」

というので、絶壁をつたって川下へと下りて行った。ところが久八は、反対に川上へと上がって行った。そして間もなく崖《がけ》にはい上がって山の中へと逃げ込んだ。

立木の枝に着物をかけて、それを固くしぼって、まだぬれているのを着込んで一休みしてから、今度は道を転じて郡内の方へ入って行った。郡内のくれ地村には兄弟分の天野開造の家がある。そこまで夜の明けないうちにたどりついた。くれ地の天野といえば近在に聞えたお大尽であった。折よく開造も家にいて、久八のきたのを聞いて急いで起きてきて、何はともあれぬれた着物を脱がせて、そのまま自分の寝ていた寝床の中へ入れて寝かせてくれた。久八は四、五十日ぶりで始めて温かい寝床に有りついたのであった。

で、開造は夜の明けるのを待って旦那寺へ行って和尚に相談した。すると和尚は快く承諾してく

れて、一緒に開造の家へやってきた。そして久八の頭を剃りこぼって坊主にしてしまって、持ってきた袈裟を着せて寺へ連れて行った。そのところで二、三日休ませたのち、開造と三人で出かけて江戸へ出て行った。

江戸は芝の増上寺へ行って、何か伝手が有ったと見えて久八のことを頼み込んでくれた。増上寺でも承諾したので、彼等は引き取って行った。寺は寺社奉行の掛りで代官の手は及ばなかったし、それに将軍の霊廟のある増上寺でかくまってくれれば、もう絶対に安全であった。それで今度は増上寺から改めて赦免のことを韮山の代官へ掛け合ってきた。韮山でもこのうえは、とさっそく赦免の沙汰をしたので、久八は大手を振って故郷に帰ってくることが出来た。

久八騒動といって、彼の故郷の伊豆の大場辺に伝えられた話はこういう次第である。久八は有名な大前田の英五郎の兄弟分で、関東に名を売った博徒であった。かの国定忠治などは、

「忠治、忠治」

といって呼び捨てにしていたそうである。彼は青年の頃関東で名を成したのであったが、この久八騒動以後は多く故郷に落ち付いて晩年を送った。そして時々出かけて行っては関東の縄張りを見廻ってきた。久八は本名を森久治郎といって、文化十一年（一八一四）十月二日の生まれで、明治二十五年十二月三日、七十八歳で天命を終わった。

15　創作　奴の小万

井東　憲

一

剣法は、鏡心明智流をよく使い、柔術は、渋川流に達しているというのだ。で、表看板は、強きを挫《くじ》き、弱きを扶《たす》け、人義をいのちとして、任侠に生きようというのだから、天晴れな女侠客である。

かくのごとく、人生に対するかまえがとにかく上々というところへもってきて、第一、柳のように純真で、桜のように凛として、しかも、ぼたんの妖艶と、飛蝶の嬌趣をもち合わしていようという逸物だから、たった一年の侠客修業で、すっかり売り出してしまった。

享保の末の不良少女奴《やっこ》の小万《こまん》は、なかなか血の廻りもいいが、宣伝もうまい。享保から寛政へかけての、堅気な商家の娘といえば、いくら世を挙げて遊惰に沈湎《ちんめん》した時とはいえ、やはり箱入りで引っ込み思案で、義侠を看板に、朱鞘の落とし差しで、自分の心臓のふくらみのままに生きようなぞとは夢にも思わなかったところである。

小万は、その煤臭《すす》いぎこちなさを、勇敢に飛び越して、素晴らしい派手好みな服装に、髪を奴に結び、伊達な男帯をきゅっと「貝口《かいくち》」（男の帯の結び方）に締め、銀造りの長脇差をぽんと落とし差しにし、お乳の当たりへ意気な懐手《ふところで》をし、繁華な大道をしゃなりしゃなりと闊歩したというんだから、気の小さい女ばかりを見つけている浪華人《なにわ》が、その意表な姿を見てあっと驚嘆したのも無理はない。

時に、小万は十九だった。

二

女の十九……それは、人世の明暗色の渦巻の中に、片足突込んだ時だ。けれども、小万の十九は、むしろ、両足はめ込んだという形だった。

たとえ、彼女の親分根津四郎右衛門が仲に入って、万事を理解してくれての上のこととはいえ、正月早々には、養父母の菱屋清兵衛夫婦から勘当を喰らう、二月の天満の祭礼には、当時売り出しの人気相撲二代目荒石こと濡髪長五郎と深い恋に落ちる。で、五月には、天王寺のやくざ、あばたの鳥平に梅ヶ辻で大喧嘩を売る等々……なかんずく、浪華随一の美男濡髪長五郎との恋のいきさつは、さなきだに（そうでなくても）情熱的な小万を、血色に燃え狂わせた。

その晩秋だった……。

ちょうど、濡髪長五郎は、根津親分の代理として、親分の兄弟分木津の勘助とともに、丹波の町へ出掛けていた。

小万は、何となく苛立たしく、淋しい。恋……恋……彼女の瞳のひさしで、情人の唇を孕んだ、思い出の涙がうずいた。たった一月の分かれなのに……。

ある夜だった。隣家の浪人の吹く尺八が、腸に滲み透る。彼女はどうしても家に落ち着かれないままに、ふらりと家を出で、明かりを求める虫のように、新町へ出かけて行った。新町は、相変わらず華やかで殷賑《いんしん》だ。ここには、人間の紫色の眼玉をした淫蕩が、ぐわぐわと煮え返っている。恐ろしいような淋しいような、苛立たしいような、楽しいような、臍《へそ》のない街だ。小万は、例の派手な奴姿で、人々の好奇のながし眼を味いながら、ぶらりぶらりと漫歩する。

「早う見なされ、あすこに行くけったいな姿をした美しい女子が、近頃名うての女俠客奴の小万や……」

若い小万は、このぞめき（ひやかし）の人々のささやき声を、眉根を開いて聞いた。すっかり気分が晴れてくる。

その後姿で、銀造りの長脇差しが、彼女の気分の調子をとるように、颯爽と輝く。

三

小万が、九軒の井筒屋の前へ差しかかった時だった。

三、四人の賭場臭い男が、天当たりに打突った。

「気をつけろ、ど……」

「何を、三ぴん奴め、女のくせに生意気な」

そこへ、額の狭い、色の真っ黒な大男が、ぬっと立ち現れ、

「やい、小万、俺を憶えているか？　今夜は、いつかの仕返えしをしてやるから、そう思え!!」

と、噛みつくように怒鳴った。

と、その声を合図に、二、三十人の無頼の徒が、山蟻巻に、小万を取り囲んだ。

「おお、お前は登り龍の吉五郎だね」

あまりに不意の出来事なので、さすがに小万は、ちょっとぎょっとした。けれども、その胸のとどろきは、すぐ皮肉な嘲笑と変わった。

「ふん、卑怯な疫病神が……。利いた風なことを抜かすない。今度ぁどこへ叩き込んで貰いたいんだ……」

まるで眼中人無きがごとき剛胆さだ。

この登り龍の吉五郎という男は、天満裏に住む博奕打の親分で、暗賽とゆすりで胴巻をふくらめているような、手のつけられない乱暴者だ。先年いまだ小万が、養家にいる頃、この吉五郎が飛んでもない難題をもって、菱屋の店へ横車を押し込んできた時、小万は武家出の乳母に習った一手で、養父の頭を殴りにかかった彼の右腕を取って、前の溝に投り込んでしまったのだ。吉五郎はそれを遺恨に思って、復讐の日を待ち構えていたのである……。

「やい小万、ここにいるなぁ、皆な俺の子分だが、俺ぁ汝達のような餡ん坊を二人や三人ひねるのに、他人の腕を借りなくたっていいんだ。さあ、相対《さし》でこい……」

一ヶ年越しの遺恨の爆発だ。怒れる獅子という構えで、小万ににじり寄った。

「相対勝負は面白い。序《ついで》に無手《むて》でね」

どこまでも、度胸骨が太い。で、長脇差を腰からすっと抜くと吉五郎の子分の鼻先へ差し出した。

子分共は、顔を見合せて躊躇する。

この時、

「小万姉さん、そのお刀は妾《わらわ》が是非あずかります」

と、吉五郎の子分の間からひょっと現われた女がいる。年の頃は、二十二、三、江戸前のきりっとしたあざみといいたい色あいの妖麗な女……。

「お前は、お政、いいところへきておくれだよ。じゃお前さんに刀持ちをたのもうかねえ。さあ、鮮やかなところを見物して行っておくれ」

どこまでも吉五郎を呑んでかかっている。――この江戸前の妖麗なのは、元深川の羽織芸者で、黒猫お政というささか風変わりな女だ。情人市川小紋次の恋の三角関係から、妙な意地張りで江戸を売らなければならないことになり、この浪華へ流れてきた時に、小万に一方ならぬ世話になり、自分から進んで小万の妹分となった女だ。お政が、この浪華でやった仕事は、女役者、賭場荒し、スリ、盗賊、だが頗る義に富んだ愉快な女性だ。――

何しろ、物見高い廓《くるわ》のこと、まるで六月の雲霞《うんか》のように弥次馬が集まる。そして、口々に、小万に応援する……。あたかも、群衆の人情とは、美しい女侠の肩を持つことであるがごとくに。

小万は、その清達の眉宇《びう》に、限りない憎悪と、いささかの残虐性とを波打たせると、

「さあ、生命を大切に向かってこい……」

と、男勝りという腕で、ぽんと懐を叩いて見せた。何にも呑んでいない証明だ。

「何をこの女《あま》……」

登り龍の吉五郎は、つり鐘突きに小万に襲いかかる。

四

吉五郎と小万とは、はじめから腕が違っている。

小万のは、本格の武術を仕込んだすじ金入りだ。

吉五郎は、いくら大男でも、力があっても、単なる我武者羅《がむしゃら》に過ぎない。身体中すき間だらけだ。

それに、第一、心がまえ、かつまた、胆力の据え方が違っているんだ。

小万は、さんざっぱら相手の暴力を嘲弄したあげく、ここらが切りあげどころと、飛鳥となって吉五郎の手許に躍り込むと、渋川流の谷落とし、

「えい」

と、総身の力が、自然と左腕にこもったから、吉五郎は左廻りをして、蟹という態のない形で大地

へペタリとなる。

折り重なった弥次馬どもは、林のように手を挙げ、歓声をあげて大よろこびだ。吉五郎の子分たちは、喉頸《のどくび》を汗でしめらせ、思わず亀となった。

吉五郎は、歯を喰いしばって起き直ると、もうこれまでだ、そうだ最後の一手だ、と本能的に思った。そして、ひそかに懐へ手を入れた。ところが、あれが無い。

「おや……?」

彼は、焦燥と混迷と不安に、全身で顫《ふる》え上がった。

「畜生、今投げられた時に落としたかな……」

犬のように、あたりを嗅いだ。

その時、お政が、自分の頭の上で、一本の白鞘の短刀を振って、

「お前さんが懐でこっそり捜しているのはこいつなんだろう。大方そんなことだろうと思ったから、一足お先きにちょっとあずかって置いたんだよ」

と軽侮するように、怒鳴った。

「あ、こいつぁしまった。ええ、忌々しい女《あま》だ……」

すぐ泥を吐くなんか、吉五郎も案外人がいい。

が、吉五郎のやくざの親分らしくもない卑怯なたくらみが知れると、弥次馬どもは鼻を尖らして罵った。

「え、あれで小万さんを突き殺そうとしたんやぜ。太い奴じゃ」

「男の風上にも置けん野郎や」

「叩きのめしてしまえ!!」

しかし、小万は、重い舌打ちをして、あわれむように吉五郎を眺めたきりだった。

「お政、早く短刀を返してお上げよ。それから、妾達ゃそろそろ引上げるとしようじゃないか」

小万は吉五郎に構わず、人垣を分けてさっさと帰りはじめた。

お政も、吉五郎の前へぼんと短刀《どす》を投げて、小万につづく。

吉五郎には、もう追い駆ける勇気もない。――ええ、俺の頓智奴《どじ》。初めっから切り込みゃよかったんだ。

いやに、星の眼や、人間の眼玉が、鋭く輝く晩だ……。

五

この新町の喧嘩は、根津四郎右衛門の仲裁で、手打ちになった。

だが、このことがあってから、小万の俠名はいよいよ高くなった。

その翌年、彼女の恋が叶って、めでたく濡髪長五郎と夫婦になった。

表面の仲人は、根津の親分だが、裏面で二人のためにいずもの神となったのは、かの黒猫のお政だった。

濡髪長五郎が、悪武士須田一刀齋無頼漢血刀金兵衛の一党を相手に、青柳堤で三十六人切りを働いたのは、この少しあとの出来事だ。

それは扨《さ》て、小万の姉妹分の黒猫お政は、寛政の初め、故郷の江戸へ帰った。

そして、浅草永住町に住み、女侠としてちょっと売り出したが、持って生まれた性分で、下谷の松傘長屋のあわれな病人たちを救けるために、旗本や富豪の隠宅を荒らし廻ったことが知れて、伝馬町へ叩き込まれた。

で、やがて獄死したが、怪しいのを一ぷくもられたんだという。

浪華の小万は、妹分の可愛そうな獄死を、まるで知らなかった……。

（大正十五年九月三十日）

16　義人小伝次

沢田撫松

一

亨保八年（一七二三）の秋、羽前西田川の温海《あつみ》村に、時ならぬ喊声が起こった。

「こうなっては、血を見なければ治まるまい」

「五十川《いらがわ》の奴等が、あんまり無法だから」

「温海村と五十川村との山の境界は、小菅野代《こすげのだい》と言うことは、昔からちゃんときまってあるものを、今になって故障を言い出し、小菅野代を自分の方へ取り込み、勝手気ままに境界の棒杭を打ち込みやがったので」

「温海村だって黙っていられないから、打ち込んだ棒杭を皆抜き取ると」

「知らぬ間にまた打ち込みやがる」

「これでは果てしがないから、庄屋様に掛け合って貰うと、五十川村の庄屋の言いぐさが癪だ、小菅野代は五十川村のものだ。それを取ろうと言うなら、腕ずくで取れ、とぬかしやがった」

「相手が強く出るのも無理はない、竹槍や火縄筒の用意がちゃんと出来てあるのだ」

「かまうもんか、相手に用意があれば、こちらも用意をするまでだ」

「竹槍百五十本、火縄筒二十挺、ちゃんと用意が出来ている」

「そこでだ、いよいよ繰り出すか」

「言うまでもない」

「温海岳から小菅野代へ行けば、相手もきっとその所へ出ているに違いない」

「サー、合図をせい、皆もう仕度をしているだろう」

「合図の法螺貝はここにある」

「吹け吹け」

法螺貝を受け取った一人は、両手に持つと、それを口のところへ持って行って、ブーブーと吹き立てた。

合図を待っていたのか、身軽な服装《いでたち》をした村人が、竹槍を持ったり火縄筒を持ったりして集まってきた。

「人数が揃ったら温海岳へ登れ」

先頭に立った一人が叫ぶ、ワーと歓声があがる。同勢百五、六十人、温海岳へさしかかった時、

「待った待った」

大手を広げて、行方に立ち塞がった男がある。

「小伝次じゃないか」

「何で止める」

「用があるなら道々話せ」

「そのところのけ」

「通せ」

前の方にいる村人は、口々に罵っていたが、小伝次は大手を広げたままのかない。

「まあ待ってくれ、五十川《いらがわ》村との出入りは承知だ、やるなら俺《おれ》が先に立つ、が、まだ早い。一度衝突《ぶつか》ろうもんなら、互いに竹槍先から死人が出る。

村の衆のうち、誰一人大切でない人はない。親があり、兄弟があり、妻子がある。竹槍や火縄筒の先で命を落とした場合に、あとに残った者の嘆きはどうじゃ。人間の命ほど大切なものはない。

その命の取りやりをするには、時機がある。

男の意気地、村の意気地、やむにやまれぬ時は、卑怯なことは言っていられない。綺麗さっぱりと命を投げ出さねばならぬが、今はその時機じゃない、まだ早い。だから今日のところは思い止まってくれ」

小伝次は言葉を尽くして止めていたが、殺気立った村人はなかなか止まらない。

「喧嘩は五十川村から仕掛けられているのだ」

「こちらから出かけねば、向こうから押し寄せてくる」

「こうなっては待つも引くもない」

「止めだて無用」

「そこ、のいた」

先頭の人々は、小伝次を押しのけて山へ登ろうとした。

「無理もない、が、今日は待ってくれ、長くとは言わぬ、明日の朝まで待ってくれ。男をみがく温海の小伝次は、村のためなら命はいらないのだ。こうして止めるのも皆村の衆への義理だ。明日の朝までにはこの出入り、小伝次が見事話をつけて見せる。小伝次を男と思ってくれるなら、黙って明日まで待ってくれ。それとも、俺の言うことが聞かれないのなら、俺を死骸にして蹂躪《ふみにじ》って通れ」

小伝次は、諸肌ぬいで、バッたり地上へ、大の字なりに横になった。双龍の刺青が五彩の雲を帯びて、肩から両腕にかけて鮮やかな色を見せた。

「三年越しの境界争いが、明日の朝までに話のつこうわけはないけれど。この温海村のためにはよく尽くしてくれた小伝次の頼み、無下《むげ》に断ることも出来まい。明日の朝までのことじゃ、待つとしよう。ただ、五十川《いらがわ》村の奴等が押し寄せてきた時の警備《そなえ》だけは怠らぬようにな」

先頭の一人がこういうと、

「庄屋様までがそう言うのなら、明日の朝まで待つとしようよ」

「油断のないようにして置いて、明日の朝まで待ってやれ」

「それにしても、小伝次一人で話がつくかな」

村人達は、こうしたことを喋りながら、思い思いに退散した。

二

その夜、三更《さんこう》（子《ね》の刻《こく》）、温海村と五十川村との間、海辺に寄った米子《よなご》の村外れで、若い男と女が立っていた。

「ひょんなことになりました」

「どうでここまでくるであろうとは思っていたが、いよいよ命の取りやりをすることになれば、五十川村と温海村とは全くの敵同士だ。そうなっては、俺《わし》とお前の縁もこれかぎり、とても添い遂げることは出来ない」

「そうならないように、何とかよい思案をしてくだされ」

「俺の父《おやじ》は庄屋だから、父さえ折れてくれれば、五十川村の人達はどうにでもなるのだが、父が頑固で、小菅野代は五十川村のものだと言い張っているもんだから、村の人達も一緒になって騒いでいるのだ。古い記録を調べて見ると、小菅野代は温海村のものらしいので、俺は父に幾度も意見をしたのだが、父はきかない。きかないばかりか、貴様は温海村の小伝次の娘が好きだから温海村の贔屓をしても、小伝次の娘なんか貴様の嫁に出来るもんでない。小伝次は破落戸《ごろつき》じゃ。庄屋の息子が破落戸の娘を嫁にして堪るかと、口ぎたなく罵るのだ。いくら親でもあんまりだと思って、俺は家を飛び出そうとしたことがたびたびあったが、俺がいなくなっては、父《おやじ》の横暴がどんなにひどくなるか知れないと思って、じっと我慢をしているのだ、察してくれ」

「お察しします、お辛い事でしょう、でも、私だって辛い。何事もなくってさえ、身分が違うので、夫婦になれそうもないのに、今度のことが起こったのですもの、どうなることでしょう。私、生きているそらがしません、それに、父《おとっ》さんが、夜の明けるまでに、両村の縺《もつ》れを解くと言って、子分の源次と清吉を連れて小菅野代へ登りましたが、これもまた心配です」

「ナニ、父《とっ》さんが小菅野代へ登った」

「エエ、二人の子分に鍬《すき》を担がして」

「鍬を担がして」

「鍬を担がして行ったのも変ですが、自分は固《もと》より、二人の子分にまで、刀を持たさず、丸腰で出かけて行ったのが不思議です」

「丸腰で、鍬を持って行ったとな」

「そうなんです」

「もしかすると」

「エエ」

「こうしてはいられない、お新ちゃん小菅野代へ行こう、さあ早く」

「与市さん、どうしたの」

「行けば分かる、急がなきゃいかん」

与市はお新の手を取って、小菅野代の方へ走った。

三

南は温海岳、北は飯盛山、東は鎧岳《よろいだけ》に囲まれた小菅野代に、月光に照らされて立つ三人の男がある。

「まだ掘るんですか」

「そうだね、もう少し深く掘れ」

「こんな所へ穴を掘ってどうするんです」

「どうするかこうするか、俺の腹にあるんだ、黙って掘れ」

「親分、こんなもんでどうです」

「どれ、俺が一つはいって見る、なるほど、ちょうどよい、源次、清吉、その土を穴に入れろ」

「じゃ親分出てください」

「出てたまるかい、俺の体を埋めるんだ、生き埋めにするんだい」

「親分、無茶なことを言わないでください、そんなことが出来るもんですか」

「出来るも出来ないもない、その土を穴へほり込めばよいのだ、首だけ出るようにして、肩から下を埋めてくれ」

「出来ねい出来ねい、親分を生き埋めにするなんて、そんなことは出来ねい」

「オイ、源次、清吉、よく聞け。温海村と五十川村との境界争は、竹槍火縄筒まで持ち出したじゃねいか、俺が止めなかったら、今頃この辺は死人の山を築いているぜ。そう言うことを起こさして、俺達は黙っていられると思うかい。俠客だとか男達だとか言っているのは、虚仮威《こけおど》しじゃねいぜ、こんな時に働かなくてどうするかい。小伝次の名が廃《すた》るか廃らないかの瀬戸際だ。俠客の名が大切か命が大切か、そんなことの分らない手前達でもねえはずだ。小伝次の子分源次、清吉、親分の言いつけだ。穴へ土を投げ込め」

小伝次は凛として言い放った。

「源次」

「清吉」

子分は互いに顔を見合わせた。

「小伝次が一生に一度、晴れの立て引きをするのに、手を借さないような野郎なら、親分子分の縁を切るぞ」

小伝次は声を励まして、二人の子分を叱咤した。

「清吉、どうしよう」

「仕方がない、男の立て引きだ、親分の言う通りにしよう」

二人の子分は、鍬を揮《ふる》って土を穴へ入れると、たちまち小伝次の体は埋まり、首だけ地上にニュッと出た。

時に、東の空に五彩の雲の靉《たなび》き、夜はほのぼのと明けて行く。

「ああ、夜が明けた、これからだ」

小伝次が、こうしたことを叫んだ時、はるかに法螺貝を吹き鳴らすのが聞こえて、温海村から五十川村から、一団の同勢が押し寄せてきた。

双方の人数が小菅野代に着くと、ワッと歓声をあげて、竹槍の切先を揃えた。

「待った」

首だけ地上に出ている小伝次は、声はりあげて止めたが、猛りたった双方の村人は、地上の首に気がつかなかった。

「親分小伝次の首が見えないか」

「自分で生埋めになった親分の言うことを聞け」

源次と清吉が左右に別かれて、双方の村人に声をかけた。

「何が首だ」

「どこに首がある」

今、命の取りやりをしようと言う時に、突然首を見よと言われたので、双方の村人は一斉に源次と清吉の指差す所を見た。

「ヤア、小伝次」

「小伝次の首だ」

敵にも味方にも知られた小伝次の首が、思いがけない所に落ちているばかりか、その首がものを言うので、いずれもアッと言って魂消《たまげ》た。

「温海村と五十川村との境界は、このところだ。この俺の首のあるところだ。こんな確かな境界があるのに、今更これを争うとは何事だ。棄てておけば双方に死人怪我人が出る。皆親兄弟妻子のある人達が、無益の争いに命を棄てて何になる。棄てるのは俺の命一つでたくさんだ。これから境界争いの起こらぬように、俺は人柱になってこのところで命を棄てる。境界がきまった以上は争い無用じゃ、双方とも怪我のないうちに、引いた引いた引いた」

全身土に埋められているので、これだけのことを言うのも苦しそうに、喘《あえ》ぎ喘ぎこうしたことを言った。

「父《おとっ》さん」

人がきを分けて娘のお新が飛び出すと、小伝次の首の前にばッたり倒れた。

「父さん、父さん、父さんはどうしても死ぬのかい」

「人間は、死場所を見つけたら死ぬもんじゃ、百まで生きる例《ためし》はない」

「父さん、父さん、一人はやらない、私も一緒に行く」

「ヤア、娘、自害したな」

お新が心窩《みぞおち》に懐剣を突き立て、血に塗《まみ》れているところへ、駈け込んだ与市は、

「お新、冥途の手引きは俺がする」

腰の一刀抜くより早く脇腹へ突き立てた。

「伜《せがれ》、わりゃ何で死ぬのじゃ」

五十川村の庄屋与左衛門、我子の自刃に仰天した。

「小伝次を犬死にさしてくださるな。私の死骸はお新の死骸と一緒に埋めてくだされ、これよりほかに言うことはない」

与市は、父親与左衛門を伏し拝み、そのまま息が絶えた。

筆者が大正十二年の秋、湯温海《ゆあつみ》温泉に湯治をしていた時、小伝次の二百年祭が行われた。生きながら境界の目標となり、温海《あつみ》、五十川《いらがわ》両村の確執を解いた小伝次は、小菅野代《こすげのだい》に「義人小伝次の墓」と彫りつけた立派な墓石を立てられ、今にその徳を称えられている。

17　落ちぶれた親分の話

前田　晁

一

本郷の弓町にいた時だから、もう一七、八年昔になる。

ある日、これは夏のはじめのころだった。わたしが玄関のすぐ脇の書斎にしていた六畳の部屋で、たしか、その朝早く夜行の汽車で国から帰った疲れをやすめるために横になっていた時だった。午前十時ごろである、妻にわたしはそっと揺り起こされた。

「なんだか気味の悪い人がきましてね」と妻は潜めた声で「あなたにちょっとって言っていますが、どうしましょう？」

「名前は？」

わたしも声を潜めた。

「それを言わないの。ただ、お目にかかればわかるって。国の者だって言うんですけれど、眼が、それは光るの、きらきらと……」

「誰だろう、国の者って？」

わたしは口の中で呟くと、ともかくもと立って玄関へ出た。

「や！」

男の嗄《しわが》れた声が、なるほど、きらきらと眼の光る、長い笑顔と共にわたしへきた。格子戸をちょっと、四分の一ほどあけて、うしろへひねって引いた腰から下は戸袋の陰にかくして上半身を見せていた。わたしの村の博奕打ちの親分だった大津屋の松次郎という。

「お！」

と、わたしも笑顔で、

「誰かと思ったら、珍らしい。どうしたんです。ま、おあがりなさい」

と、松次郎は、さも世を憚《はばか》ると言ったように、そろっと、また少し格子戸を余計にあけると、すっと身体を影のように草履の足の音をも立てずに中へ入れた。前さがりの着物の裾が、妙にだらッと地に引くようになっていたのがわたしの目に着いた。

振り返った時に、わたしは呆気に取られた目をした妻が、茶の間の方から不安そうにわたしを見ているのと目が逢った。「大丈夫だよ」という眼付をわたしはちょっとして見せて、松次郎をそのまま書斎の方へ導いた。

が、そこに、ぎこちなく膝を折って、小さくかしこまった松次郎の姿を見ると、わたしはそれよりさらに十年以上も前に、村の医者でわたしの漢学の先生であった人の家でたびたび出合ったころのことがすぐに思い出されてきた。そのころの松次郎は、政五郎という親分の死んだあとを継いだばかりのころでまことに英気潑剌、小兵でこそあったけれどどこか颯爽とした風貌を持っていた。先生の前に彼はやはりかしこまっていたが、狭い裾前《すそまえ》から小肥りの膝小僧が二つの頭を出していて、その上に両手をぴたりと突いた形が今でも目にありありと浮いてくる。

二

「ほんとうかい、それは？」

「うむ。ほんとうだそうだよ」

ある晩、わたしは一緒に漢籍を習いに行っていた大村という友達と二人で、先生の家から外へ出ると、闇にことことせせらぎの音を立てている小流に沿って村の往還をぶらぶらと遡りながら話していた。

「それで、今夜もまたきたんだろう。なんでも話が面倒になって、先生が中に立たれたっていうことだから」と大村はつづけて言った。

「そうか。どうりで今夜はいやにもじもじしていると思った」

というのは、やはり松次郎のことである。彼はその晩も先生のところへやってきたのであったが、いつものように景気よく眼をきらきらとさせないで、先生がじっと見詰められると、つい膝においた手の上に視線を落としたりしたのだった。その場の様子が、いつもと違って、何か秘密の要談でもありそうに見えたので、わたし達は遠慮して、早めに辞して外へ出たのであった。

大村の言うところによると、こうである。——ついこの間の晩のことだが、彼は二、三人の子分を連れて、自分のうちからいくらも離れていないところにある、惚れた女の家の裏に忍んで待伏せしていて、女が、夜おそく、便所へ（この地方の普通の家の便所はたいてい庭先にある）起きてきたのをつかまえて、匕首《あいくち》を擬して脅かして、女房になることを承諾させた上で、女と一緒に女の家の中へはいって、女の父親をも脅かして、当人がすでに承諾したのだから二つ返事で女房にくれろと言って、その晩からすぐに自分の家へ連れて帰った。

ところが、あとでそれが女の家の親類の方で問題になって、表沙汰になろうとしかけた。けれども男の職業（？）の一点を除けば、田舎流の結婚条件の何から言っても、男の方にこれという欠点があるわけではなかったので、そのまま内済にしてめでたく納まるようにと、さてこそ先生が骨を折られている。それには松次郎が、村の人達が推服している先生のところへ頼み込んできたのであろうというのであった。

わたし達はまだ子供の域を十分に脱しきらないくらいなころで、男女間のことなどはもとより、そうよく理解は出来なかったが、松次郎の職業に対してだけは何の嫌悪も反感も持っていなかった。彼や彼の仲間の者をいつも他の村人と同じに見ていた。何の隔てもつけなかった。だから、その掠奪結婚みたいなことをも大して悪いこととは考えなかった。それが子供のとらわれない倫理観からであったか、それとも自分が育ってきた環境の雰囲気から自然とそれに慣らされてきたのであったか、それはいずれとも考えられる。

「まあ、えらいことじゃァごいせんけ。なんでも縄張りのことからだって言いやすけんど、きのう江曽原山路《えぞはらやまじ》で博奕打ちの喧嘩があって、八人殺されたって言いやすよ」

こうした噂がしばしばわたし達の耳にもきたが、それに対して恐ろしいと思ったことなど一度もなかった。却って何かすばらしいことが近いところにあったのを賛歎する気で興奮したりしたのだった。

三

「西村の若旦那！　ちょっとお寄んなせえ！」

突然、子供のわたし一人が歩いているところへ、こういう叫びがきたので、思わずわたしは顔をそっちへ向けた。式部の赤い円い顔が長火鉢の上からにこにこしている。彼の前には尺八の大きな朱塗の膳が徳利を載せて、相手には子分らしい二人がいる。と見て取った瞬間だった、「それッ！」とでも言うように式部が顎をしゃくると、一人の子分がさっと外へ駈け出してきて、小さなわたしを横抱きにしたかと思うと、すぐに引き返して、式部の脇へ、大きな膳の前へわたしを据えた。

「まあ、一ぱい、おあんねえ！」

式部は盃をわたしにつきつけて、無理に持たせて、自分でなみなみと注いだ。

「さあ、どうかおあんなって！」と彼はまた言って、わたしが困っているのを面白そうに眺めていたが、「あ、どうかお平《たい》らに。わしは御免を蒙っておりやす」

そう言って、わたしの手から盃を取って膳の端に載せると、わたしに無理にあぐらをかかせた。その時、式部の大きな弁慶縞の浴衣の裾のひろがった間から見えていた長い胸毛と酒焼けのした赤い胸とが今もわたしの目に見える。

わたしが十二、三の時のことである。式部というのは通称で、今から三、四十年前くらいのころに、甲州でもかなり名の聞こえた博徒の親分だった。本名は太田長四郎といった。わたしの父が名付親だった関係から、子供のわたしをも若旦那などと言ったのだろう。しかし、わたしの家へは出入りを許されていなかった。これは博徒ということになってしまえば、自然の制裁でそうなっていたかも知れない（こういう作法に就いては村松君の知識に教えをこいたいと思っている）。で、わたしなどがたまたまその家の前を通ると、こうして無理に呼び込んだりしたのではなかったろうか。西村というのはわたしの家の、これも通称である。村の字が東村と西村とに別かたれていて、その西村にわたしの家があったからである。

式部の家もやはりこの西村の中にあったが、そこは秩父往還に沿ったところで、人通りも比較的多かった。いつも前をすっかり明け放して、掃除を隅から隅へ行き届かして、塵つぱ一つ土間にすら見当たらないようにしてあった。夏だと、前の往来までもずっと黒く打ち水がしてあった。どこもかしこもすがすがしかった。そして式部がうちにいる時には、火は入れてあったかなかったか知らないが、いつも長火鉢の前に座って、例の大きな膳を控えて往来を眺めていた。

と、ひょっくりとある時から素敵に美しい女がその家にいはじめた。

「まあ、とても綺麗な人じゃごいせんけ。式部さんはどこから連れてきたのでございすらか？」

「ほんとうに、目が覚めるようでございますねぇ！」

こういう噂が村の女の人達の前にしきりに取り交された。実際、それは無理がなかった。田んぼや畑へ出て行って、真っ黒になって働く農村の女の中へ、色の白い、背のすらっとした、眼のぱっちりと大きい、何の屈託もなさそうにいつも明るい顔をしている意気な女が出てきたのだから。

式部の家は頓《とみ》に子分の出入りがはげしくなって、その女房の襷《たすき》がけの姿がいつもあたりを楽しく彩っていた。

けれども、それはそう若い女ではなかった。子供のわたしにははっきりと年は分からなかったが、その女には連れていた一人の男の子があった。はじめは家の中でばかり遊んでいたが、いつ、どういうきっかけからか、わたしと大へん仲が好くなって、わたしの家へもたびたびきた。年はわたしより一つ上だった。平田義時という名だった。北条義時と同じ名なので覚えている。声の細い物ごしのやさしい子だった。国は岐阜だと言った。その子は女のことをおっかさんと呼んでいた。式部のことをおじさんと呼んでいた。岐阜の者がどうして甲州へ流れてきたのか、今で思えば最も肝要なことをわたしはその時には聞かなかった。

が、考えて見ると、人間は一生のうちに、実に、どれだけ多くの人と会ったり離れたりすることか分からない。考え返してくると、今はまったく識閾《しきいき》の下に沈んでしまっている人達がいくらでも浮かんでくる。この平田と一緒に、わたしはわたしが学んだ村の小学校の宿直室に寝泊まりしていた若い助教師のところへよく遊びに行ったものだったが、その助教師の味噌っ歯だった黒い顔は今でもすぐと浮かんでくるが、名前はどうしても出てこない。

四

早くから東京にきていたわたしの叔父も、若い時には博奕を打ったという話をよくして聞かせた。郷里の方にいた一番末の叔父もやはり若い時には打ったということだった。そういう雰囲気の中で育ってきたわたしである。今、松次郎がひょっくりと尋ねてきても、いくら眼がきらきらと光っても、そんなことには少しも驚かないが、驚いたのはそのうらぶれた姿である。なんという変わり方であったろう！　あの俊敏《しゅんびん》、隼《はやぶさ》のような風貌はまったく消えていた。

「一たいどうしたんだね？　よく僕のところがわかったね？」

わたしはどこかしょんぼりと塩だれているような、彼の姿をじっと見つめながら静かに口を切って見た。

「いや、どうも」と彼はきらっと光る眼をあげて、淋しく笑って、「面目次第もないわけで……」

そう言って今の身の上を語って聞かせた。警察の方がこの節はばかに厳しくなって、昔のように博奕打ちでは世間が通れなくなったのみならず、何かの科《とが》で彼も一度はあげられるばかりになっていた。が、そこは昔からの顔もよしみもあって、どこへなり遠っぱしりをしていれば見のがしてくれるという暗黙の了解があったので、彼は一年近く前から台湾へ行っていた。ところがそこでマラリヤに罹って、働くことも出来なくなって、やっと癒るだけは癒ったが、病後の弱った身体は、とても、あの気候の悪いところでは堪えられそうもなくなった。それで、こっそりと東京まで戻ってきたが、国へはまだちょっと帰れない。どこかで職工なり何かなりになって働きたいが、世話をしてくれないか、というのであった。

わたしはときどき間投詞を投げ込むだけで彼の声を聞いていたが、こうして国を売って、他国をかせいで歩いているとはいっても、一見して遊び人ということのわかるようなこんな身体付では、とても、どこでも使ってくれないだろうと腹の中で自分に言っていた。

が、心当たりは当たって見るということにして、その日はビールを抜いたりなどした。

五

今年の七月のはじめであった。更《ふ》けるに早い田舎の夜の十時過ぎではあったが、夏のことで、いくらかまだ方々の家の中の電灯なども往来を照らしていた。わたしは村はずれに住んでいる次兄と一緒に、わたし達の生家の方へ長兄に逢いに行く途中であった。

「どうだい」と、ふと次兄が、電灯の鈍《にぶ》い光が一つ射してきていた家を振り向きざまにしゃくって言った。「この家なんかも安いもんじゃァねえか。家屋敷とも千五百両で売りに出てるんだが……」

「この家！」

おお！　それは松次郎の大津屋だった。代々旅籠屋をしていた家で、十何間の長い間口に奥行もかなり深い総二階建だった。しかし、わたしは家のことより松次郎のその後の方にずっと余計に興味を持った。

「松次郎はどうしました、その後？」と、わたしは訊いた。

「死んだよ、あれは」

「え！　どこで？」

「東京で」

「いつ？」

「去年だった。台湾から帰ってきてから、北海道へ行ったり方々を渡り歩いたりしたそうだが、どこでもうまく行かなくって、とうとう東京で貧乏して死んだそうだ。子供はなし弟も先に死んでしまって、あとにはおかッさん（甲州弁で女房のこと）が一人残っただけだ」

そして次兄は、「だから、その家屋敷も何も、おかッさんの丸儲けさ」と、最後に言い添えた。そのおかッさんが、かつて何十年も前に彼によって掠奪されたあの女であることはいうまでもない。


（大正十五年十月六日）

18　現代俠客評伝

白雲亭散史

一、近世俠客道

現代の俠客を論議するに当たり、序論として近世俠客道発達の経路を検討する必要がある。

弱きを扶け、強きを挫く、任俠の気風は我が国民性に根ざし、つとに中世封建時代の武士道が遺憾なくこの気風を発揮していた。その後、徳川氏の治世その久しきにわたり、天下の泰平に馴れるにしたがい、武士階級の意気ようやく弛廃して豪奢横暴をほしいままにし、動《やや》もすれば特権を頼んで市井《しせい》と弱者を凌辱虐待するものが輩出するに至った。

すなわち俠客道より観れば武士より任俠の精神が逸散するに至ったのである。これにおいてか従来隷属の地位にあった町民中より真に男子の意気を有する任俠の徒が崛起《くっき》し、敢然と武士階級の暴虐に対して反抗の態度を持することになった。

この時、武士道の精神は武士階級より、町民階級に移ったのだ。武士の堕落に伴って武士道と同心一体の任俠の気風が「男だて」と称せられる一部の町民に移ったのであるから、任俠道すなわち

「男だて」は庶民階級の武士道なりということが出来る。

しこうして特に近世において俠客道が顕著なる発達隆興を示したゆえんは、徳川氏治世の衰頽に原因するものであって、徳川幕府末期においては綱紀の頽廃と法制の不備と相俟って、不良武士の暴戻《ぼうれい》はなはだしく善良なる風紀を支持することが出来なくなった。ただこの間に処して力弱き市民階級を擁護し義のため一切の圧制、横暴に抗争して市民の公安を支持したものは実に「男だて」と称された町奴であった。

その当時の代表的な町奴を例に求めるならば芝居や講談で一代の人気を背負える幡随院長兵衛を挙げねばならぬ。かれは旗本と称する将軍家直属の不良武士の一団に対抗して陰然たる一大敵国の観があった。したがって旗本等の不義不正の度が増長するに反し、庶民のかれに推服し依頼するの熱度は高まり、かれは正義任俠の神のごとく思慕され尊敬されたのである。

不幸にして旗本等の奸計に乗ぜられ中道にして横死したが、後世の我等が当時を回想しても、武士道の真精神が武士という特権階級を去って市井の町奴に移り、社会正義は彼等の手によって確立され、市民の安寧は彼等の義俠によって支持されたことが首肯される。

近世日本歴史の説明するところによれば俠客道の興隆せし絶頂は明治維新前後であった。これは一国の中心勢力が動揺して、民衆は官権の力によって完全に生命、財産を保護され得なかったからである、不良武士、無頼の浪人等が跋扈《ばっこ》して婦女子を姦し、財物を掠《かす》めさながら無政府の状態に陥ったのはこの当時である。

しかるに維新革命の成立とともに薩長土肥の野武士等によって急進的新制度が確立され、庶民は始めて生命、財産の安全を保証されることになり、綱紀の粛正、法令の完備と相俟って町奴の必要が段々と減退するようになった。これ明治時代における侠客道衰頽の主因である。

侠客道を閲すればこの間の消息は一層、明らかになる。試みに幕末より明治初期にわたりて、いわゆる大親分なるものが全国各処に雲のごとく輩出したではないか。清水次郎長、大前田英五郎、国定忠次、小金井小次郎、相模屋政五郎、江戸屋虎五郎、新門辰五郎、根津四郎右衛門、釣鐘弥左衛門、等、等、等、近世名物男の大半は幕末時代に輩出し、維新前後にその生涯を終わっていることに徴しても、一国中心勢力の消長と侠客道とがいかに密接な関係あるかを窺知《きち》し得られよう。

二、侠客渡世の変遷

世人は侠客といえば直ちに全身に物凄い倶利伽羅紋紋《くりからもんもん》の文身《いれずみ》をした博奕打ちを連想するが、侠客必ずしも博奕打ちではない。むしろ御法度の博奕を常習するものはこの社会の外道と称せられて、心ある侠客は一六勝負《いちろくしょうぶ》を非常に忌み嫌ったものである。

侠客道ではそのところの風習にしたがい、理非のいかんにかかわらず国法に遵《したが》い、君国のため、身を殺して仁をなすをもってその道の真髄としているから、然諾《ぜんだく》を重んずるにしてもいったん引き受けた以上は必ず約束を果たすが、どんなに頼まれても、どんなに泣きつかれても非理な相談を引き受けないところに深甚な用意と打算とがある。

講談などでは弱いものの哀訴や嘆願だと、そのことが道理に外れた曲ったことでも「ウムよしッ」とばかり、胸を叩いて引き受けて納まるのが親分の道としてあるが、これは大きな誤りだ。いかに権力に反抗し、弱き者の同情を持つのが特色でも非理を庇護して、不義を扶《たす》けては侠客道も無茶苦茶だ。

旧幕時代の大侠客は主として人入《ひといれ》稼業を本業としていたが、その後、自分の勢力範囲を縄張として賭場を開き、テラ銭の上がりで自分の一家を養うものが段々多くなった。これは幕府の綱紀が弛緩し、御法度の威令が行われなくなったからだ。清水次郎長でも国定忠次でも大前田英五郎でも小金井小次郎でも当時のそうそうたる侠客は博奕打が本業であった。これは他の職業に比し、容易に纏まった金が懐中に入るので、侠客道の本旨に背くものと承知しながら、脇道へそれてしまったのだ。

国法の裏をくぐる賭博稼業に従事していたとはいえ、彼等の間には厳として犯すべからざる仁義があり、憲法があって、親分乾児《こぶん》の関係は真の親子と異らざる情愛があり、如実に親分の命令では水火の中へも喜んで身を躍らして飛び込んだものだ。したがって果たし合いや斬り込みが本業のごとき観を呈し、維新前後に至っては一人でも多くの人を殺したものがこの社会では幅を利かすようになった。けだし真の侠客道からいえばこのごとき変化は斯道《しどう》の堕落であった。

明治になっても賭博は厳禁された。けれども依然として弊習が存続して全国到るところで博奕が行われ、賭場は栄えた。しかし明治新政府の法令が完備し、取り締りが厳重になるにつれ、賭博も段々と衰微し、特に賭博常習者を厳罰に処する新刑法が施行されるようになってから、賭博常習者はそれぞれ正業に就いたので、今ではどんな大親分でも賭博の収入によって衣食し、乾児《こぶん》を養うことが出来なくなった。

三、新時代の侠客

歴史は繰り返すという。侠客の職業も還元して現在では幡随院長兵衛や、花川戸助六時代のごとく、人入稼業を中心とする土木建築業に転換し、有名無名の侠客はいわゆる請負師となり、あるいは表面上、請負師の看板をかけるようになった。国家の勢力が充実し、法令が厳粛に支持されるようになれば、禁断の博奕はこれを行う余地がなく、いやでも応でも何か正業に就かねばならぬ。そこで都会にあって多くの乾児をもち、大きな勢力あるものはあるいは人夫供給者となり、あるいは土木建築請負業者となり、また山村僻地にあるものは帰農するか、料理店旅館の類を営むようになったから、大正昭和の侠客は実業家であり、大親分は相当の資産家となっている。

現在の侠客の職業は右のごとき次第で、千差万別だが、幕末時代の侠客に博奕打ちは比較的多かったように、現代では土木請負業者が多い。これは土木建築業者が気性の荒い、狂暴性に富んだ土工や石工を多数使役し、これを統御するには親分肌の男を必要とするのと多くの輩下をもっている関係からで、彼等侠客のいわゆる親分に最も適当した職業だからである。

こうしたわけで、長脇差を一本ぶち込み、倶利伽羅紋紋《くりからもんもん》の文身《いれずみ》を露出して啖呵を切った遊び人は今は昔語りとなり、現代の侠徒は背広服、膝頭をボタンで留めるズボンを穿いて走りまわっている。こういう連中は大きな認判を彫った金指輪をはめ、太い金鎖を胸のあたりに絡みつけているから一見して「あの社会」の人間だということが判る。

乾児《こぶん》がそうだから、大親分となれば銀行会社の重役で納まり、宏壮な邸宅を構え、出入りには自動車を飛ばし、実に堂々たる生活を営んでいるものが少なくない。九州の大親分、吉田磯吉氏のごときも今では親分といわれるよりも、先生と呼ぶ方がふさわしいほど、当世の代表的紳士に変わっている。彼の肩書を洗ってみれば衆議院議員（当選三回）、海老津炭鉱、若松帆船運輸、蘆屋《あしや》鉄道の各社長、神戸銀行、若戸魚市場、中外大理石、佐賀炭鉱の各重役であるから、これをどうして北九州切っての大親分と思われよう。

彼は慶応三年五月生れだから今年（明治三十九年）六十歳の分別盛りだが、議会などで反対党が騒ぎたて自党（憲政会）の演説でも妨外しようものなら、昔取った杵柄で、彼が眦《まなじり》を抉して睨みつけると、政友会あたりの猪武者《いのししむしゃ》たちは一も二もなく縮み上がってしまうほど、今なお稜々たる侠骨をもっている。何しろ、六十年来鍛えた腕前、幾度か死生の巷を出入りして練った度胸魂、学校出の今時の政治家など赤児のように見えよう。さればこそ議会の大騒動も磯吉大親分が議席から一歩乗り出せば、名議長が持て余す騒動もその場で静まるのである。

侠格畑から彼のごとき人物を政界に送り出したことは確かに議会の異彩であり、大正侠客社会の誇りであらねばならぬ。

四、東京の中野喜三郎

関東切っての顔役、真の男の中の男といえばまず中野喜三郎氏を挙げねばなるまい。当世流行の大御所という言葉を用いるとすれば、差し詰めこの人は関東義俠客の大御所である。

いくら本人が気取ったところで、万人が尊敬し推賞しなければ大御所とはなれないものだ。いやしくも大御所といわれるには貫禄と徳望と勢力とを具備せねばならぬ。中野氏は当年六十八歳、一見、朴訥《ぼくとつ》の好々爺《こうこうや》である。温厚篤実の村夫子《そんぷうし》の面影がある。この人が東京土木建築組合の頭取として一千八百余名の請負師連中の総元締をしているとはどうしても思われない。本人は衷心《ちゅうしん》からこの頭取を望んでいない。逃げて逃げて逃げまわっているのだが、この人を措いて他に頭取になる貫禄と徳望とを備えている人がないので、いや応なしに推薦されて今年で八年間もその任に就いている。

「私は俠客でも顔役でも御座いません。土木業を営んでいるもので、いわば実業家ですよ。顔役とか俠客とかいわれる人達のうちで、他人に迷惑を掛けている人もあるようですが、私はどうか他人さまに御迷惑を掛けまいと思って稼業に精を出しています」

老人は謙遜した態度でこういうのが口癖だが、関東地方の請負師仲間のもめごとや出入りにこの人が顔を出さねば話がまとまらぬほど、いい顔だ。昨年十二月に鶴見でこの社会の大喧嘩があって神奈川警察でさえ持て余したが、この仲裁に入ったのもこの人であった。

「私の経歴ですが、石工あがりでこれという経歴もなく、勇ましい話も持ち合わせておりません」

この人は石材の産地、香川県小豆島の生まれで、早くから備前犬島に出稼ぎして、せっせと石を切りながら他人の同業者がその日その日の稼高を女や酒に注ぎ込んでいたのに反し、十銭二十銭と零細な金を蓄え、それが積もり積もって百二十円となった。何しろ明治初年の百二十円だから、当時田舎の石工にとっては莫大な金額である。

彼は東京で東宮御所御造営の話を聞いて発憤し、二十五の時、虎の子の百二十円を懐中へねじ込んで上京し、麴町山本町三丁目に住んでいた同郷の先輩宮崎平吉を訪れ、そこへ草履を脱いだ。最初は御所の工事で働いたが、おいおいとこまめに立ちまわって自分の地盤を叩きあげ、土木、建築、石材、炭鉱、運搬、人夫など手広く商売を広め、東京の湯屋で大評判の中野炭もこの人が勿来《なこそ》の関《せき》附近から切り出した石炭である。今では巨万の富を累《かさ》ね、土木建築界の大立物になっているが過去六十八年の歴史は血の出るような立派な立志小説である。

なるほど勇ましい、チャンチャンバラバラの出入りはかつてなかった。徳のある人は徳で他人を心服させる。けれど彼は太ッ腹で義理に篤《あつ》く、善悪をわきまえて、悪に対しては強く、善に対しては涙もろい性格の持ち主であった。それには国定忠次型の大小の侠客が、兄貴とか親分とか呼んで彼の膝下になついてくるのでも判かろう。血を流さず談笑の間に事件をまとめ、義侠の道を立てるのが最上の策とすれば、いわゆる「勇ましい経歴」を持たぬ彼はこの社会で最も尊敬するに値するものではないか。この意味において「勇しい歴史」のない彼は真の義侠客として推薦すべきではなかろうか。

「自分は曲ったことが嫌いだ」

これがこの人の気性であり、生命である。おそらく俠客道の真髄もこの一語で尽くされるものであろう。

寛闊恩厚な義俠客、平凡なる非凡人、男の中の男とはけだしこの人に打ってつりの熟語のように思われる。

五、大阪の野口栄次郎

原内閣当時、全国の俠客を縦断して一大団結が出来た。大日本国粋会がそれである。国粋会に籍を置く猛者は全国にわたり数十万という人数であるが、その関西方面の元締めとして命知らずの大小俠客を統御しているのは野口栄次郎である。

大阪だけでも国粋会は五万六、七千人の会員を網羅し、社会的一大勢力を形成している。国粋会といえば世間一般の人たちは倶利伽羅紋紋《くりからもんもん》の俠客の集団のごとく連想するが、それは大きな誤りである。病床に就いていた野口氏は筆者を枕頭に引いてこう語った。

「俠客道の開祖はお釈迦様で、日本では聖徳太子さまだ。国法に従い国を守るのが俠客の本領で、斬ったりはったりすることは無頼漢のやること、博奕打ちは出入師といってこの社会の外道です。俠客は義を重んずるが、なんでもかんでも人に頼まれれば引き受けるのが男だてじゃない、ちゃんと胸で算盤を弾いて理屈に叶った正しいことなら引き受けもしようが、曲ったことはどんな義理でも加担することが出来ない。それは無頼漢のすることとです」

野口老人は大阪の北野に生まれ、当年六十四歳、幼少のときから利かぬ気の剛胆ものであった。今でも逸話としてこの社会に伝えられているが、老人が六歳の時の話——居宅の前が街道筋になっていて参勤交代の大名がよく行列を作って通ったものだ。ある時、むこうから物々しい行列で大名の一行がやってきた。何しろ五つや六つの物心のつかぬ栄坊のこととて、行列のお先をつっ切ってしまった。維新前までは行列のお先をつっ切ることは大罪で、その場で打ち首になった。栄坊も警護の士に捕えられ、その場で首を刎《は》ねられることになったが、利かぬ気の面魂とて一向悪びれる様子もなく、泣くどころか、ニッコリ笑って地べたへ座ったので、これをお附きの家老が打ち眺めて不憫に思い、命をこうたので栄坊も町役人に預けられて、一命を助けられることになった。雀百まで踊りを忘れず、その後、男だてとして喧嘩やもめごとの仲に割って入り、メキメキ男を売り出したので、血の雨を浴びたことも一度や二度でなく、人をあやめたこともあった。

老人は隼《はやぶさ》のように鋭い男だ。剃刀のように神経の尖った、向ッ気の強い男であった。

「ずいぶん、若いときはつまらないいたずらをしたり、無茶苦茶のことをしたが、弱い者を虐《いじ》めたり、道理に外れたことはしなかった」

「お若いときの血の雨を降らしたお話を承りたいものです」

「いや、そのお話は勘弁してもらいたい。世間の人に読んでいただいて利益になるお話ならともかく、害こそあれ、益のないことですから……」

この頃では老人もすっかり納まって過去を語ることを避けている。

「こういう時勢では、もめごとや喧嘩は警察と弁護士にお任せしておけばいいのだ。おれたちの出る幕じゃない。が、おれ達でなければ納まらない場合は、命を的に飛び出す覚悟はある。国を守るのがおれ達の義務だ」

以前もそうであったろうが、最近の野口翁は国家主義で凝り固まっている。

六、正義団長酒井栄蔵

国粋会は日本現代の俠客の大半を網羅しているが、これと別派の一大団結がある。それは大阪北小林の二代目を継承した酒井栄蔵氏の率いる日本正義団である。

正義団の勢力はあるいは十万と称し、あるいは十五万と唱えられ、いずれが真実の数か不明だ。ともかく全国に数万以上の輩下をもっていることは事実だ。仮に五万としても、決死の輩下を五万人有することは一大勢力といってもよかろう。この大衆が掘起し、身命を投げ出して掛かればイタリアのファシスト以上の思い切った、痛快な仕事が出来る。彼はムッソリーニを気取る談でもなかろうが、輩下の団員に対しては黒シャツに対して黒外套をまとわせ、団の敬礼としては黒シャツ団の「アノー」を彷彿させるような右手を胸部に当てる「胸手の礼」を行わせている。

彼は先年、欧米視察の途次、イタリアの俠骨宰相ムッソリーニ氏と会見し、肝胆相照らした間柄であるから、あるいは東洋のムッソリーニを気取り、いざ事ある場合には決死十万の輩下を引員して、乾坤一擲《けんこんいってき》（のるかそるかの大勝負）の大芝居を打つくらいの覚悟があるかも知れない。

ファシストと正義団とは相似た共通点がある。その綱領として忠君愛国、正義仁侠を標榜している点において、団長と団員とは親分乾分の義によって結ばれている点において、団長には権利あれど団員は義務のみある点において、また両者とも利害を超越した精神的団結である点において、両者は全然一致している。

酒井氏は岡山県宇野在の出生、今年五十五歳、片田舎の農家の生活に甘んぜず、年少の頃から飛び出して大阪へ出で、諸方へ丁稚奉公をなし、のち遊侠の群に投じ、難波《なんば》の福に見出されて北小林佐兵衛の一門に加わり、佐兵衛に見込まれ二女種子の婿となり、北小林の二代目を継承して今日に至ったのである。

正規の教育は受けていないが、理智にたけて目から鼻に抜けるような利功もので、人心を収攬する不思議な魅力をもっている。おそらく当代の大侠客中でも彼のごとき人心を収攬《しゅうらん》する魅力をもち、彼のごとき聡明な頭脳とかつ爽快な弁舌を有するものは他になかろう。それでいて一片耿〻《いっぺんこうこう》たる侠気を胸三寸に蔵している。壮年時代には大阪築港石船罷業《ひぎょう》（ストライキ）の張本人となり、また朝鮮へ渡っては内大臣閔泳徽（ミン・ヨンヒ）を向こうにまわし、土民の味方となって全鮮をあばれまわったこともある。最近では大阪市電争議をはじめ大小幾多の調停者となって男を売り、また一面には播丹鉄道社長、合資会社酒井組社長、東京湾土地会社重役として財的方面に一勢力を有しているから、日本正義団団長として彼の今後の活躍は、けだし刮目《かつもく》に値するものであろう。

見当違い

ある事件から後藤新平子が暴力団の強請《ゆす》りを受けて困り抜いた結果、ふと思い付いたのがかねて懇意な正義団の酒井君のことで、折よく酒井君が上京中だったので電話を掛けて、

「君の手で何とかしてもらいたい」

と頼むと酒井君やすやすと引き受けたが、

「それでは正義団の酒井といわずに、播丹鉄道の酒井ということにして、彼等を寄越して下さい」

という返事。そこで後藤子の方では暴力団に向かって、

「この件は万事、播丹鉄道社長の酒井氏に一任してあるから、同氏と交渉してもらいたい」

といったので、暴力団はさっそく大井の酒井君の宅に押し掛けた。暴力団の方ではどこまでも酒井君を正義団団長とは知らない。それに同君は一見婦女のような優美な容貌の持ち主ではあるし、これが十万の乾児《こぶん》を叱り飛ばす北小林の大親分とは知るはずもない。ただの関西の実業家だと思ったので、応接間で会見して旺《さか》んに酒井氏を脅迫し始めたが、どうも手応えが無い。その内に酒井君は我慢が出来なくなって、大喝一声、

「馬鹿野郎」

と怒鳴った。

「お前達は俺を誰だと思う」

「君は播丹鉄道の酒井だろう」

「播丹鉄道の酒井は、日本正義団の酒井栄蔵だということを知らないのか、この駆け出し野郎め」

驚いたのは暴力団だ。お門違いで飛んでもないところへ脅迫にやってきて、今度はアベコベに脅し付けられて一同縮み上がってしまった。一も二もなく酒井のあつかいに服従することになって、この事件は解決したが、この暴力団の首魁《しゅかい》（かしら・首謀者・張本人）某この時から酒井に心服して、盃を貰って乾児《こぶん》となり、現在では優良な団員として活躍しているというから、どこまでも水滸伝式だ。

19　現代俠客三人男

淀川金太郎

一

大阪の築港は現在では東洋有数の良港となっているが、この築港が今日のように完成されるまでには世上にかくれた幾多の活劇や悲劇が演ぜられたものだ。これはその一つ――。

築港は天保山沖合の波の荒い区域に設定されたので、防波の突堤を半円形に築かねばならぬ。それには香川県小豆島、播州家島、備前犬島、淡路島から台石を運んで、船から海中に放り込んで、それを累ねて突堤の素地を築いたのである。

この工事は明治三十五年、二千六百万円の予算で国庫の補助を受け、大阪市の事業として起工され、納石は関西の請負師としてはばのきいた大林芳五郎の経営する関西石材会社が一手に引き受け、前記五ヶ所の石を俗に石船と称する帆船によって、大阪港に運んで指定の海面に埋没したものだ。

ところがこの関西石材会社は安い値段で納石を買い上げ、高い値段で納入してボロイ利益を壟断《ろうだん》

(利益を独り占めすること)し、いくら労働者の船頭(石船)や産地の石材業者が単価の値上げ交渉しても、木で鼻を括ったような態度を執って、彼等の要求を容れなかった。

そこで彼等は窮状を北小林、小林佐兵衛の婿である酒井栄蔵の義俠に訴えて、単価値上げを依頼することになった。酒井も彼等の窮状を聞き会社の冷酷な態度を知るにつれ、持って生まれた俠気を出して労働者の味方となることを承知した。それには、

(一) 納石に関しては酒井の指揮を仰ぐこと

(二) 四ヶ所の産石の販売権を酒井に一任すること

を誓わせた。つまり酒井は四ヶ所の産石に対して一切の権利を握ったのだ。

こうしたお膳立をしなければ、会社や市当局に対して強硬な談判をすることが出来ぬからで、酒井はまず会社側に納石単価の値上げを迫ったが、それは不調に終わった。次いで市に交渉したが、これも思うように運ばなかったので、ついに最後の手段としてストライキを断行することになった。

さアこうなると会社側は大いに狼狽し、百方、手を尽くしたが、産地の石工をはじめ石船の船頭全部が一切を挙げて酒井に委任した後だから、なんともすることが出来ない。

「酒井の奴、憎い奴だ。あいつを生かしておいては関西石材会社の仕事が出来ない」

とあって、経営者の大林は兄弟分の野口栄次郎に酒井を処理するように頼んだ。

当時、野口は俠客としてメキメキ男を売り出し、彼の輩下にはがむしゃらの命知らずの乾児《こぶん》が多勢いたので、

「兄弟分からの話なら、よし、おれが引き受けた。きっと酒井を殺して見せる」

と請け合ったので、それからは労働者対会社という労資の争議が一転して、酒井対野口の生命の奪い合いとなってしまった。

酒井はこの争議に関連して義理ある父の佐兵衛と義絶し、その身辺は真に寂寥たるものであったが、幸いにも野口一家の者の手にも掛らず、辛うじて一命を全うした。この争議は関係者二万余人で数ヶ月にわたった日本最初の労資の争闘であったので、両派のものはいたるところで大騒動を演じた。その後調停者が現れてこの事件が落着したので、酒井は新生面を開拓すべく朝鮮へ渡った。

二

それから四、五年ののち、大阪の市電工事が始まった。

電鉄で最も肝心な工事は軌道の敷石である。市電で敷石工事の入札を行ったところ、利を見るに敏き大阪の土木業者は、示し合わせて不当に高い値入れをしたので、市では予算の関係上、工事に着手することが出来ない。そこで市電の岩崎経理課長は東京へ走り、東京の土木業者としてかつ義侠家の誉れ高き中野喜三郎に訴えて善後を計った。中野は、

「関西の同業者は、揃いも揃って卑怯な真似をするものだ。それなら私が引き受けりましょう。どうかご安心下さい」

とキッパリ請け合った。

そこで敷石の産地へ手を入れ、中野の手で第一期、第二期の工事を行ったが、市電当局に裏を掻かれた関西の土木業者は、中野の手で工事が進められるのを快しとせず、第三期の公入札にあたり、中野の下請をやっていた備前犬島の中山粂次（実際は細野組）が、従来、中野の仕事によって相当の利益を得ていたにもかかわらず、手を返すように安い単価で入札して横取りしてしまった。しかも中野は第三期以降も引き続いて自分の手で工事をするものと思い詰め、第三期所要の分まで買い入れ、所定の型に切らせて山に積んでおいたのだから、当人の憤慨はもとより莫大な損失を蒙らなければならなかった。

「細野組のやり方は没義道だ、中野が可愛想だ」

と、中野に同情する者もあったが、だれ一人として仲に入るものがなく、中野も関西同業者の不義理を憤慨してサッサと東京へ引き上げてしまった。これを伝え聞いて酒井は大いに中野に同情し、同時に細野組の仕打ちを悪《にく》み、だれに頼まれたわけではなく、当人の中野とも関係なく、自発的に調停の労を取るべく、細野組に出掛けて、

「中野の顔をたててやってくれ」

と談判したところ、

「入らざるお世話だ」

とばかりで細野側では相手にしない。

酒井としてもいったん乗り出した以上、それならばといって引き下がるわけにも行かず、元来、

目先の見える、目から鼻へ抜けるような利巧ものの彼のこととて、先年、築港石船事件で石材業者から取った契約書が手許にあるのを幸い、産地へ出掛けて中山（細野組）の手へ石を一切売ってはならぬことを厳命した。もっとも酒井が産地の石工達に売買中止を交渉したとき、あたかも盆前の金の要る季節とて前の契約はともあれ、この際売買中止を断行しては節季が越せぬと泣きつかれたので、六千円の金を出して実行させせることにした。

大阪市電工事の軌道の仕様書には、敷石は香川県小豆島産か大部《おおべ》の産石に限るとなっているから、せっかく細野組で工事を請け負っても、酒井の手によって産地の石を売買中止同盟されたため、手も足も出せなくなった。で、窮余の窮策として仕様書規定外の広島県音戸倉橋の板石を大部の産石と欺いて納入したが、不正事件があばかれて、ついに細野組は工事から手を引かなければならなくなり、酒井は中野のためにみごと、仇を打つことが出来た。

三

明治四十年か、四十一年頃、大阪曽根崎に兄弟新聞という悪口専門の赤新聞が生まれた、これは全国の土木建築業者の機関新聞で、社長は酒井であった。

この新聞の生まれる前に酒井ははじめて中野に会った。中野は酒井が大阪市電敷石事件で心配し自分の仇を打ってくれたことを心では感謝していたが、自分から頼んだことでもなく、酒井も頼まれてしたことではなかったから、両人ともその問題には触れなかったが、以心伝心、心中ではその

時からお互いに相許すようになった。そして酒井が兄弟新聞経営資金のことで上京し、東京側同業者の出資を求めた時も中野は、

「組合員から十円宛出資させるのもよいが、そんなことをしては、関東へ出てお前の顔が立たなくなる。どのくらい金が要るのか、おれが心配してやろう」

といって中野が身銭を切ったこともある。

その後、二人は兄弟の誼《よしみ》を結び、大腹の中野は蔭になり、日向になって酒井の事業を助け、真の相談対手となっている。

兄弟新聞経営時代の酒井は義父佐兵衛より勘当が許されず、北小林一家は多数のいい乾児《こぶん》がついているが、若親分の酒井に対しては大親分の手前、表面、味方につくものがなく、大阪における相当の顔役も佐兵衛に義理をたてて酒井を顧みなかったので、土木業者の機関たる兄弟新聞も肝心の地元においては、あまり気勢があがらなかった。

それを見るに見かねて、生一本の男気から酒井に同情し、彼のために努力したのは快侠野口栄次郎であった。野口と彼とは先年石船事件で敵《かたき》同志となり、首を賭けて争った間柄だが、あの時は大林芳五郎に頼まれて、野口は余儀なく酒井を敵としたまでで、心から讐《かたき》同志ではなく、ことにあの事件はとうに落着し、今では酒井と大林の間も善くなっているので、

「無援孤立の酒井に同情してやらねば男が立たぬ」

とあって野口は乗り出したのだ。この辺が野口の性格をよく現している。

野口は自分みずから新聞社の印袢纏《しるしばんてん》を着て、多数の輩下を従え、同業者や知人の家へ戸別に新聞を投げ入れ、

「木越屋（野口家の称号）だ、よろしく頼む」

と頼んでまわった。これがため発行そうそう一万の固定読者が出来たが、兄弟新聞はあまり猛烈に政府を攻撃したり、官憲に喰って掛かったので短命に終わった。兄弟新聞は滅びても、それ以来というものは野口の国粋会、酒井は正義団と互いに分野を異にしているけれど個人的には親密なる間柄であり、中野と酒井との友好も極めて濃厚である。

20　侠客異聞

1　般若坊強覚と大塩平人郎

般若坊強覚という男は魚屋の小倅に生まれて、十一歳で比叡山延暦寺の坊主になり、それから還俗して魚問屋の食客となり、最後に侠客になったという風変わりな人物。生まれは大阪、本名を篠崎角太郎といった。

これがどうしたことか、ふとした機会から大塩平八郎と親しくなった。無論友達交際というのではなかったが、よほど意気が統合したものと見えて、互いに深く肝胆相照《かんたんあいて》らし（心から親しくつき合うこと）ていた。

天保八年（一八三七）二月十九日、大塩平八郎は先心洞学徒と共に「天誅救民」の旗を翻《ひるがえ》した時、般若坊強覚はその股肱《ここう》（手足、部下、腹心）となって活躍したが、天満橋あたりの激戦で、玉造の与力本多某の銃丸にあたって無惨の最期を遂げてしまった。

2　次郎長行状

清水の次郎長が口癖のように、平常子分輩を戒めた言葉に、

「人間は金を欲しがっては豪《えら》くなれぬ。豪くなろうと思えば金を欲しがっては駄目だぞ」

ということがあった。いかにも味わいのある言で一種の処世訓と見ることが出来る。さらにまた彼は、

「人は謙遜が第一だ、まず人に逢ったら此方から言葉を掛けよ、先へやって不見識だ、などいうようでは駄目だ」

といっていた。そんな性質であるゆえよく陰徳を積んだ。知らない旅先の往来で、針一本、茶碗欠け一片見付けても、

「こりゃ危い、跣足《はだし》の人が困る」

で必ずそれを拾い取って人の踏まぬところへ片付けた。

彼は殺生が大嫌い、家で鰻を割いて売るにしても自分の見ているところでは割かせない。鳥でも魚でもその通り、したがって自分もそれを食うことを欲しない。人に向かって、

「俺は人間はたくさん殺したが、俺の殺した人間は生かして置かぬ方が世の中のタメになる奴ばかりだったと思う」

といった。が、やはり臨終の時はそれが気に掛っていたと見えて、

「鬼が来る、鬼が来る」

と叫びながら呼吸を引き取った、という噂もある。

次郎長は人並外れて飯が好きだった。大きい茶碗で六杯も七杯も食べた。神奈川の神風楼へ行くと、

「駿河の飯の好きな人がきた」

で通っていた。

3 異説長兵衛殺し

幡随院長兵衛の風呂場の場は、諸君は芝居や講談でよく御存知であろう。『本朝侠客考』でもこの事実を大部分認めている。しかし、ここに一つ興味ある異説がある。それは水野十郎左衛門成之の実弟であった同苗又八郎成丘の子孫水野鉾十郎氏の家に伝えられた実説がこれである。

それによると、長兵衛はやはり風呂場で殺されたことを伝えているから、この点だけは動かすことの出来ない事実であろう。長兵衛は水野の邸《やしき》へはしばしば出入りをつづけていた。ある夏の日のことだった。いつものように長兵衛が見えたので、水野は一風呂浴びたらどうかと勧めた。そこで彼は湯殿へ立って行った。湯殿は六畳ほどの板敷きで周囲を杉の四分板でかこってある。湯槽の前

には酒菰《もんつき》（酒樽の菰《こも》。菰には紋があることから「もんつき」と呼ばれた）が敷きつめてあった。

やがて長兵衛は衣類を脱いで真裸になったが、腰の物だけはそっと酒菰の下へ隠した。これをチラリと見たのが水野家の若党の軍平と権平という二人、湯殿にまで腰の物を持ち込むようでは長兵衛の心底見えた。長い間には主人の身にどんな危険が降りかかろうも知れぬ、どうせ呪わしい長兵衛、殺すなら今の間にと、二人は物蔭で恐ろしい相談を始めた。長兵衛はそんなことは知らないから、首だけ出していい心持ちに湯槽につかっていた。すると、そこへ軍平が短刀を後ろ手に持ち、

「お湯のお加減は――」

といいながら長兵衛に近寄った。

「どうもいい湯でござります。思わず長湯をしているくらいで」

長兵衛は何気なく答えた。

「長兵衛、覚悟」

次の瞬間、軍平の握る短刀は長兵衛の胸元を貫いた。

水野はこのとき客（大久保彦左衛門であったという）と座敷で一杯やっていたが、湯殿の物音に立ち上がって行って台所口から覗いて見た。すると長兵衛がこのありさま。水野はなんと思ったか、家に伝わる関の兼光の大身鎗を搔い込んで庭の方から廻ってきた。そしてヤッと一声かけると板囲い越しに湯槽と共に突き貫いた。湯槽は酒菰の上に倒れて長兵衛の死骸がころがり出た。

水野は着物の塵を払って以前の席へかえると、

「残念なことを致したわい」

と、たった一言を漏らした。客が帰ってから水野は軍平と権平とを呼びつけて、二人の無役な忠義立てを真赤になって怒った。

そこで、二人は今更に後悔したが追っ附かない。部屋へ下ってその申しわけのために切腹をして相果てた。長兵衛の死屍は下人が酒菰《もんつき》へ包んで取り捨てたもので、それ以来水野家では一切酒菰を門内に入れることを忌んだ。現に今でも大禁物であるということである。

4 木津勘助の鮓《すし》屋開業

元和慶長年間、大阪の木津に中村勘助という俠客があった。俗に木津の勘助というのはこの男のことである。系図を調べてみると、この勘助には南朝の忠臣新田義貞の血が遠く流れている。けだし日本大小俠客中での名門であろう。

勘助が九歳の時、父勘左衛門は勘助を連れて京師へ上《のぼ》り、当時名声嘖々《さくさく》たる鞍馬八流の剣客桜井古賀之助の門を叩き、その内弟子として貰うことを頼んで、許された。勘左衛門夫妻は改めて大阪の木津へ居を構え、百姓となって生計を立てることにした。勘助は二十一歳で師から免許を貰うまでに腕前が上達した。父はそれまで勘助の修業のためを思って、わざと居所を知らせてなかったが、その時はじめて勘助は師から両親の所在を聞いた。勘助は天にも昇る心地で、宙を飛ぶようにして大阪は木津の両親の家に到着した。しかし、もうその時には母は死んでいなかった。ただ年老いた父ばかりがわびしい暮らしを立てていた。勘助は親に対して非常にやさしい男であったから、どうかして老父の死水をとるまで側にいて仕えたいと思った。しかし、大阪は商業地だから武芸では食って行かれない。どうしたものだろうかと、これを名主に相談した。すると、幸い名主の家を終始出入りしている俠客に鬼瓦太左衛門というのがあった。この鬼瓦という男は名こそいけすかないが、気性はサッパリとしたいい人物、これへ名主がまた相談した。すると、それでは私の賭場で蛇の目鮓を売ったらどうだと太左衛門はいった。

そこで、その日から木津の勘助は鮓屋になった。鮓屋といっても屋台一つ要るではなし、鮓を箱に入れて持って行くだけのことだ。客は鬼瓦の乾分――みんな内輪ばかりだから、鮓代を小便（売買の約束を中途で破ること）される心配がない。その上、博奕は肩が凝るから腹が減る、勘助の蛇の目鮓はよく売れた。

ところが、ある日のこと、新川の新兵衛という奴が子分を連れて鬼瓦方へ張りにさて、勘助の鮓を鱈腹食って金を払わずに帰ろうとした。これがために勘助と新兵衛とは大喧嘩になり、間もなく勘助は新兵衛を殺してしまった。

勘助はその足で大阪町奉行に自首した。この時の町奉行は有名な塙団右衛門《ばんだんえもん》直之であったが、勘助の親を大切にすることを褒めただけで、あとは何の取り調べもなく放免になった。

その後、元和元年（一六一五）四月二十九日塙団右衛門は泉州樫井の合戦で討ち死にしたのを聞いて、勘助は一生涯団右衛門の霊を慰めて怠ることがなかったということである。

5　夢の市郎兵衛の名前の由来

夢の市郎兵衛は幡随院長兵衛と同時代の侠客であるが、長兵衛がしばらく売り出したころ、すでに親分として江戸中に鳴り響いていた。放駒四郎兵衛の弟分でのちに長兵衛の人となりに服して、放駒とともに長兵衛の乾分となった。唐犬権兵衛とは真の兄弟にも勝る間柄で、どこへ行くにもたいてい一緒であった。例の木挽町の山村座で水野一派の衝突した時も二人は一緒であった。夢の市郎兵衛というのは綽名であるが、とうとうこれが通称になってしまい、自分もまた夢の市郎兵衛で納っていた。この異名の由来は一体どこからきたかというと、身体に入れた文身《いれずみ》に由ったものなのである。すなわち背中に地獄、胸に極楽が描いてある、これへ賞讃の意味で次の歌が左の腕に書かれてあった。

寝返りをすれば忽ち極楽も
　地獄と変わる夢の世の中

6　宇都宮侠客馬方藤五郎

文化年間のこと、浮世絵師豊国が「勇みの三五郎」という錦絵を描いた。これは五郎のつく男達三人という意味で、一人は江戸の金看板甚五郎（甚九郎にあらず）、一人は下総銚子の木村五郎、もう一人は宇都宮鉄砲町の馬方藤五郎であった。

この藤五郎はもと宇都宮街道筋の馬方であったが、非常に侠気のある男だったから、瞬く間に顔を売り出して乾分も何千と持つ大親分になった。堂々たる鉄砲町の家にはいつも三、四十人の若い者がゴロゴロしていたが、藤五郎はそんなことには一向に頓着なく馬を曳いて街道へ出る。ある日乾分が見るに見兼ねて藤五郎にいった。

「親分、馬を曳いて街道に出るのは、もうおよしになったらいかがでござんしょう。昔はとにかく、今じゃ三国かけての大親分だ、第一こちとらの肩身も狭いや、それでなくとも世間じゃいってますぜ、親分のことを馬方……」

「馬鹿野郎！　馬方といわれて肩身が狭いのか、馬を曳いてお客人を乗せるのは俺の大切な稼業だ。俺は一生稼業を忘れるようなことはしたくないのだ」

藤五郎は死んで行く日まで、馬方藤五郎であることを願ったのであった。心掛けのいい侠客もあったものである。

7　小万の恋

時は享保三年、江戸女侠客の随一奴《やっこ》の小万が十九の春、勇ましい櫓《やぐら》太鼓の音に誘われたのが運の開き、彼女は荒岩の凛々しい姿を見て胸を焦した。当時荒岩といえば、日の下開山横綱の折紙附という西方の大関、色あくまでも白く眼の涼しいという男の中の男一匹、ことに黒髪の髷《まげ》の美しさ、人呼んで濡髪の長五郎、これに小万が思いを寄せたのは無理はなかった。

しかし、小万の望みはやがて叶えられた。彼女の親分根津四郎右衛門はこれを知って、何事も好いた同志、一も二もなく二人を夫婦にしてやった。

この時、荒岩長五郎は二十五歳であった。

8　下駄浪人六之丞

享保年間、江戸京橋八丁堀に住んでいた「六之丞」こと早川六之丞という侠客は、一年中足駄を履いていて大道を闊歩するというので、当時大変な評判であった。元来が武家からグレた男だけに頗る剣道は巧者、男振りも醜くはなかったが、太陽のカンカン照りつけた路を足駄でカラコロ行く姿だけは、どう見ても間の抜けたものであった。

世間ではこのために彼のことを「下駄浪人」というようになった。しかし、彼がなぜ天気のいい日にも高足駄を履くかという謎は、恐らく当時の人が気附いていたろうか？

要するに、六之丞は人並外れて背が低かったのである。

9　嬌花総角《あげまき》の仇討

時は元和年間、江戸の幡随院長兵衛がまだ生まれ落ちたばかりの時に、総角《あげまき》助六の俠名は京大阪に鳴り響いていた。本名は桂田助六というのだが、深くいい交わした恋人が総角といったものだから、世間ではこれを一つにして総角助六というようになった。住居は京都の四條、生まれは武家、一説には京都のさる貴族の出ともいわれている。

助六の恋人総角は京島原の里、丹波屋という青楼にその嬌名を鳴らした遊女であった。男は天下の男達助六、女は傾城傾国とうたわれた美女、二人の仲も大変な代わりに世間の評判も大層なものだった。

その後、助六を恨んでいた陶要人という者のために、助六はある夜欺し討ちになって相い果てた。これを聞いて総角は遊女こそしておれど助六は正しい夫、女が夫に操を立てるのは人間のなすべきことだと固く操を守り、どうかして夫の仇を討ちたいものだと念じていた。ところが、天の扶《たす》けか要人はある夜島原へ遊興にきた。これに雀躍りして喜んだ総角、謀《はかりごと》をもって要人を誘《おび》き出して殺し、夫の仇を討った。時の諸司代板倉周防守宗重は天晴れ節婦なりとあって、総角へは銀五十枚を与えたのであった。

川柳子に「江戸第一の頭痛持ち」と皮肉られている花川戸助六とは全然別人であるが、伝説はこの二人を混同しているようである。

10　新門辰五郎余話

かつて新門辰五郎は火事場の間違いから、佃島へ三年の流刑に処せられたことがあった。有名な小金井小次郎もちょうど来ていたが、二人の意気は計らずも投合してここに兄弟分の契りを結んだ。弘化元年（一八四四）正月十五日本郷丸山町から発火して江戸が火の海となった時、辰五郎と小次郎の両人はさっそく佃島の貯油大倉庫の目塗《めに》りをして、これを災禍から救った。これが上に聞えたものだから、両人の者はこの功労によって翌々三年三月十九日に、北町奉行遠山左衛門尉影資の名をもって放免をいい渡された。

この辰五郎は江戸俠客史を飾る最後の者で、明治八年九月十七日浅草の自宅において大往生を遂げた。享年七十八歳。

浅草公園六区公園劇場裏に現在住んでいる町田新五郎氏は実子ではないが辰五郎の養嗣子なのである。

11　五厘で命の遣り取り

　明治初年のことである。駿州安倍川在に宗五郎という俠客があった。ある日、隣村の金輪弥左衛門の定賭場へたった一人で打ちに行ったが、運悪くその日はすっかり取られてしまった。落胆して宗五郎は帰りかけたが、また思い直して坐り直し、堂を預っていた弥左衛門身内の横疵の三太に五両廻してくれと頼んだ。

　ところが、三太は宗五郎の横柄な物の言い方が癪に触ったので貸さなかった。宗五郎は二両でもいいと更に頼んだが、三太はびた一文も貸せないといった。宗五郎はすっかり意地になって、

「じゃ、五厘貸してもらおう」

といったが、三太も意地になり貸さないといった。

「そうか」

　宗五郎は唇を噛んで黙ってしまった。

　その夜、賭場が散って後、三太は宗五郎のために河堤《かわづつみ》で斬殺されてしまった。五厘で命の遣り取りするところ、いかにもこの世界らしい意地ではないか。

12 紫頭巾の秘密

寛永年間に関屋孫兵衛という侠客が江戸深川に住んでいた。この男はもと一の宮城主平野丹波守の家来だったが、売られた喧嘩で家老斎藤半左衛門の倅を斬殺したため、主家を逐電《ちくでん》、出府して太く短くの侠客と身をかえたのであったが、ただ一つここに不思議なことは、孫兵衛はいつも口もとまで紫色の頭巾を深くかぶって、夏冬はおろか家の中にいても、決して素顔を人に見せたことがない。この秘密は乾分達にもわからなかった。

ある日、乾分の一人が何か手に紙きれを持って居間へはいってきた。

「ええ、親分ェ、何奴だか知らねえがまあ、洒落た奴もあるもんじゃ御座んせんか、うちの格子戸へこんな落首《らくしゅ》（狂歌を匿名で公開すること）を貼って行きやあがったんで」

孫兵衛が怪しんでそれを読んで見ると、

「何事ぞ伊達売る人の頭巾かな」

とあり、彼の顔色はサッと変わった。がすぐ苦笑にその苦悶の表情を隠してしまった。

その晩、美しくて世話好きな孫兵衛の妻は、散々何事かを責められたあと、三行半を持って実家へ帰されてしまった。乾分達には何が何んだかさっぱり見当がつかなかった。

しかし、この秘密は孫兵衛の臨終の際に氷解した。最後の名残りに孫兵衛の紫頭巾を乾分達がとると、それは二た目と見られない疵《きず》だらけの醜悪な顔であった。

その時、はじめて孫兵衛が妻を離別した原因もわかった。なぜかというと彼の妻が秘密を知る生前ただ一人の存在であったからである。

顔面の疵は恐らく刀疵であったろう。

三、侠客の口上と賭博

21　侠客の口上と旅人《たびにん》

一、挨拶

博奕打同士が道中で相遇《あっ》た時は双方で挨拶を交換するのが作法だった。こういう時はまず一方の者が足を停め膝に手を掛けて、

「お友達でございますか」

という。すると先方も、

「左様で御座います」

と答える。それから双方で、

「お控えなさいましまし」

と譲り合って、どちらかから文切型《もんきりがた》で自己紹介の口上を述べる。片方もその後で同じようなことをやる。こういう場合に、いうべき言葉の多いほど自慢していた。だから博奕打の挨拶ほど長いものはない。が、急ぎの旅の時こんな風に悠暢《ゆうちょう》にやられてはかなわない。

凶状を持っているものは往来でグズグズしてはいられない。で挨拶を略して、

「私は少し忙《いそが》しい体《からだ》ですから、お先へ御免蒙ります」

といって行き過ぎる。立派な貸元などが重い兇状を脊負って旅を歩いているのだと、相手に幾許《いくばく》か銭をくれてやって別れる。つまり口止料なのだ。上州の国定忠次などは何時でも大金を持って歩いていて、遇《あ》った奴には誰にでも金をやった。忠次が極刑の凶状を脊負っていながら永年旅を歩いていて、縄目に掛らずに済んだのはおもに金を振り撒いたお蔭だった。

二、旅人《たびにん》の話

事情があって土地にいられなくなった者が他国へ出て、行く先々の顔役のところを尋ねて行って、若干の銭を貰ったり、足を留めて厄介になったりする。こういうのを旅人《たびにん》といった。

一人前の博奕打になるには、この旅人の修業を十分にして、広く世間の交際《つきあい》をしなければなれなかった。旅人が人を尋ねる時はどういう具合にして行ったかというと、これにはやかましい作法があった。

遊《あそび》人同士の挨拶の言葉を仁義といった。

この旅人の仁義というのはなかなか難しかった。挨拶の仕様によって、すぐにその人間の貫禄を見抜かれてしまう。どんな具合に挨拶をしたのかというと、上り框《かまち》に三本の指を突いて、体を後へ引いて挨拶を述べる。訪ねられた貸元の方は、引き付け刀で、畳に手を突いて挨拶をする。頭などは下げないで双方眼と眼を見合ったままだ。

「お控えなさい、お控えなさい」

というのが普通の礼儀。

「旅先のことなれば、手前から御挨拶申し上げます」

といって旅人《たびにん》の方から挨拶する。挨拶した後で、

「これは手土産の印で御座います」

といって用意の手拭いを一本それへ出す。するとたいがい相手の格を見て、それ相当の草鞋銭を附けて、手拭いは、

「いただいたも同然」

といって返してしまう。一本の手拭いをこうして方々持ち廻るから、しまいには手拭いが真っ黒く汚れてしまう。いくら汚れても平気でそれを出す。

今の時間では、午後の四時過ぎに来た者は泊めてやることになっている。

「もう日暮れで御座いますからお解きなさいまし」

という。で草鞋を脱いで上がる。

旅人は一種の修業だった。立派な貸元のところへ行くと、寒中でも敷居へ手を突いて挨拶をすると、汗がベットリと敷居についた。

なかには夫婦づれでくる旅人もあった。女でも同じような挨拶をした。

「手前は何の某《なにがし》の厄介で御座います」

というのが普通だった。女でも匕首《あいくち》くらいは持っている。

食事は家内の者と一緒に台所で食べるが、旅人の飯は二椀ときまっていた。だからどこでも旅人の茶椀は別にしてあって、恐ろしく大きなのを使っていた。

概して旅人というものは非常に如才ないものだった。如才なくしなければ、他人の飯をただで食って歩くわけにはいかない。朝も一番早く起きて水を汲むとか、家の親分が湯に入ると直ぐ風呂場へ行って背中を流してやるとか、それで人の気を見ることが非常に早かった。

なかには有名な旅人というのがあった。そういうのは二、三十年も旅人をしていて生涯旅でおわってしまうのだった。三年目か五年目くらいにその人がやってくると、どこの顔役でも歓迎して厚く待遇した。総じてどこの顔役でも旅人を大切にしたのは、旅人は国中を歩くから気受けを悪くすると、行った先々で悪口をいわれるから、人気渡世でそれが辛さに旅人を大事にするのだった。

22 賭博の話

芙蓉窓隠士

一、賭博の起原

賭博の話といっても、専門的に研究すると容易な仕事でなく、とうてい限られた紙数では書き切れないから、ここでは単に賭博についての概念だけを極めて雑然と書いて見る。

賭博というものがいつの時代から行われたものか判然としないが、普通日本書紀天武天皇の十四年九月の条に、天皇が大安殿にて公卿をして博戯せしめ勝てる者に衣袴皮類を賜った、とあるをもって賭博の嚆矢としているのであるが、これは勝てる物に賞を与えているところから見ても、性質上賭博とはいえない。単なる勝負事と見るべきである。

中国では黄帝の時、洪厓先生という仙人が終南山の頂に博戯したといい、あるいは桀《けつ》の臣烏会がはじめて賭博と囲碁を作成したというが、囲碁は別として単なる賭博というものは、恐らく開国以前から人類の間に行われていたものであろう。

日本で賭博が隆盛になるに至ったのは中国から賽《さい》という物が渡来してからのちのことだ。最初は双六《すごろく》博奕で賽を応用して勝負をする方法だったが、のちには直接賽の目数によって勝敗を決する博奕が始まった。

平安朝末期から源平鎌倉時代になると、博奕の流行はなはだしくその風習が社会の上下に浸潤した。『古今著聞集』のごとき文学に博奕のことが書かれているところを見ても、その流行がいかにはなはだしかったかが想像される。ことに武士の間に流行を見た。武士が生命を賭しあるいは領地を賭して敵と戦争をするのは最も大きな博奕であるといえる。蹴鞠歌合せ等のごとき風雅の遊びを知らず、粗野で乾坤一擲の運命を決する武士の性情には、博奕は最も適した遊戯だった。当時の武士の娯楽は賭博と遊女の二つよりほかになかった。彼等は戦《いくさ》が休みの時は年中博奕をして暮らした。たいがい寺院へ集まってやった。博奕のカスリを取るのが寺院の主たる収入だった。カスリのことをテラ（寺）というのはここから始まっている。

鎌倉時代になると、双六打ちの職人（商売人）が現れた。下層社会でも双六をもって金銭を賭けることが盛んになり、その方法に七半というのや四一半銭というのや、目勝ということなぞがあった。催主のことを「どう」という。「どう」とはもと賽を入れる筒の意味である。これがために勝負を争い争闘を起こし、殺傷沙汰が絶えず、あるいは家財を失って流浪し、盗賊になる者が多かったので、幕府は嘉禎四年（一二三八）法令を出して一般に双六を禁止したところが、武士の連中が承知しないので、寛元二年（一二四四）に至ってひとり武士のみに許された。軍人に限り博奕公許という次第。武士の中には最早何も賭ける物がなくなると、次の合戦の恩賞を賭けて博奕をする者があった。

室町時代には一層はなはだしく、あるときの戦に畠山氏の手の者が戦場に向かったところが、冑だけ着て素肌の者もあり、鎧《よろい》を着ながら太刀も冑《かぶと》もない者があり、中下の士卒には満足な風をした者はなかったということがある書に出ている。応仁文明の頃は警察力が皆無なので武士は皆掠奪の常習者だった。その頃の武士は、物の具を賭けるような愚な真似をしないで、金が尽きると、町々の土蔵を賭けて勝負をした。どこそこの土蔵にはおよそどれいくらの金銀があると見積って、それを賭けて博奕をする。負ければ何日の夜その蔵の宝を奪って金を返済するといって約束するのである。のちには賭場に一銭の金が無くて、言葉の質《しち》のみで勝負を争うようになった。

徳川時代になり、天下太平に帰し、武士階級に教養が生じてくるに従って、博奕は漸次武士の手を離れて下流の者の慰めとなり、ついにこれを常識とする遊俠博徒の群が発生したのである。

二、賭場及び賭博の方法

賽は、釆、骰、骰子、角子、投子、骨子等とも書く。獣骨で作り、四角六面あり、それに一から六までの目数が刻んである。一天、地六、南三、北四、東五、西二を法とする。賽の形には大きいのもあれば小さいのもあり、目盛りには黒、赤、茶などの色を用いた。

賽だけの博奕を普通丁半といっている。賽の目数の偶数奇数をあて合う博奕で、二目勝負ともいう。賽は一個または三個を使う式もあるが、普通二個の賽を同時に壺の中へ入れて伏せて、出た目数を両方合算したのが偶数になれば丁の勝ち、奇数になれば半の勝ちとなる。勝てば賭金の額だけを利得することが法則である。

賽を一つ使う博奕をチョボ一という。これは、一へ張って一と出れば、賭金の四倍半だけ払うのが普通だった。一と三とか、二と五とかいう具合に二つの目へ等分に分けて張ることも許されて、この場合はどちらへ出ても賭金の額だけ親が支払うことになっている。チョボ一は大賭場ではやらなかった。

賭場は、普通板敷きでその上に長い蓙《ござ》が敷いてある。この蓙のことを盆といった。はり手はその蓙の両側に並んで座る。すると、貸元という者が正面の席に座っている。壷皿を振る役を中盆といった。これは賽を投じるばかりでなく盆の上万端の世話役である。専門の賭場では決して現金は張らない。現金の代わりに駒を張った。まず金を出して駒札を買ってそれで張る。駒は薄い短冊形の木札で、これに普通三種があり、貫木《かんぎ》というのが一枚一貫目、金コマというのが一枚一両、ビタゴマというのが銭百文の通用だった。貸元の座っている左側の所に駒が積んである。ところでどういう具合に駒を張るのかというと、丁と張る者は駒を縦に置く、半の者はそれへ付けて横に置くのが方則だ。そうして、丁と半とが等分にかかってきたところで中盆が壷を開けるのである。丁と半が均等しない間は壷を開けない。もし最後まで片方が重い場合には、軽い方に歩を負りてやることにして勝負をする。もちろんこれは二つ賽の勝負である。

中《あた》っている者の前には駒が積み上がってくる。余りたくさん溜ってくると貸元が、

「誰それさん、少し駒を上げておくんなさい」

という。駒を揃えて貸元へ返すと、貸元は現金を支払う。がその時規定だけのテラを差し引いて渡す。テラは普通一両について二百くらいの割合だった。このことを寺を切るといった。だからテラは勝っている者からばかり取るような理屈にはなっているが、駒は絶えず遊動しているから、終局の勝利とは関係がない。だから貸元の収益は大きかった。無論負け続けではテラを取られることはない。

「昨夜は馬鹿をみた、とうとう百のテラも切らずに終わった」

などと負けた者がいったものだ。

客が負けてきて金がなくなると、貸元が駒をその人に貸して遣《や》る。右のところに帳面があってその貸した金額を星で記して置く。貸元の名称はそこから生まれたのだ。そして貸元が客に貸した金のことを星《ほし》といった。また時には貸元からでなくても、つまり盆の上の貸借のことを一般に星といった。

貸元は、自分は勝手に手を出すことはなく、ただ、以上の役目を勤めるばかりだった。立派な親分となれば、自身で賭場へ出て座るようなことは少なかった。たいがい乾分の者が親分の代わりに貸元を勤めた。

このほかに、貸元が胴を取る博奕がある。これは岡丁半といって大賭場ではないことだった。この時は賽は一つで、つまりチョボ一である。これにはテラというものがないかわりに、カスリというものがあった。それは、一六と二六の目だけは半払いという規則で、それだけが当然胴の利得になった。

三、インチキ

素人同士にはないことだが、玄人《くろうと》が入るとよくインチキということが行われた。つまりイカサマ、詐術である。碁将棋にもこれに類する通し碁、通し将棋というのがあって、総ての勝負事にこの卑劣な手段が付き物である。

次に賽博奕の場合だけのインチキの手段を少し述べて見よう。

これには各種のやり方があった。イカサマ賽《さい》というのは賽その物に仕掛けがあるやつで、内部をくりぬいて片方へ鉛を入れたり、軽い方へは灯すみを詰めたりする。このイカサマ賽を別に用意していて、正当な賽と巧みに使い分けるのだ。

馬の尻尾の毛の一端にとりもちのような物を塗ったのを巧みに使って、それでツボの中の賽を釣りながら、思う目を出させる方法もある。この事を綱な曳くといった。

そうかと思うとツボ皿に仕掛けのある場合もあって、ツボ皿は普通は湯呑を使うが音のせぬようにこれに紙が貼ってある。陶器の壺の替わりに籠に紙を張った壺皿も使用された。このツボ皿の側面へ開閉自在の穴を明けてあって、それから覗いて見るという工夫もあった。このことを窓といった。

ガックリなどという方法もあった。これは賽から脚《あし》が出るようになっていた。穴熊という博奕も有名な手段だった。これは盆蓙《ぼんござ》の真下の床下に人間が潜《かく》れていて、中盆《なかぼん》が賽を伏せる真下だけが少し床板が切り抜いてあり、その穴から蠟燭の火で賽の目を透して見て、錐《きり》の尖《さき》で思うような目へ賽の向きを変えさせるのだ。ところが、棄てて置くと下の蠟燭の煙が蓙を通して濡れて出るので、それを誤魔化すために上にいる者は無闇に煙草を吸っているわけだ。

まだこれのほかにもインチキの方法はたくさんあったろうが、ごくの名手になると、種も仕掛もなしで、ただ壷皿の振り具合一つでたいがい思う目を出すことが出来た。が、多くは前記の類《たぐい》のイカサマに過ぎなかった。私は前に賭場の状態を書いた時灯火のことをいい忘れたが、灯火は蠟燭を使ったもので、百目蠟燭を一挺あるいは三挺ぐらい盆蓙の上に立てたものだ。百目蠟燭の三挺も立てるのは大賭場のことで、当時の人の目には明晃々《めいこうこう》昼を欺くくらいの明るさと思われたかも知れないが、現代の百燭電球の前には蛍火に等しいものだ。何といっても薄暗いことがイカサマ手段を助けたに違いない。

インチキの手段はそれだけあっても、衆人環視の中でこれを行うにはずいぶん熟練と度胸がいった。万一見破られたら殺されてしまう。一銭一厘の間違いから大喧嘩の出来る賭場の慣いだ。インチキをやるのは全く命がけの仕事だ。熟練以上度胸を必要とした。

四、侠客をめぐる世界

23　歌舞伎役者と侠客

岡本綺堂

歌舞伎劇の侠客といえば、花川戸の助六と幡随院長兵衛、これがまず東西の両大関になっている。江戸に助六という人物が果たして実在したか、長兵衛というのは一体どんな人物であったか、そんな詮議や考証はしばらく別問題として、おれの先祖の助六に済まねぇとか、あいつは長兵衛をきめているとか、普通一般の口にのぼるようになったのは、何といっても歌舞伎のおかげである。歌舞伎と講談がなかったら、すべての侠客の名がこれほどひろくは伝播されなかったに相違ない。侠客が歌舞伎や講談に材料をあたえるとともに、彼等の名もまた歌舞伎や講談によって長く伝えられた。いわば「持ちつ持たれつ」の関係にある。

歌舞伎劇における助六や長兵衛のことは、余りに多く知られ過ぎているから、今改めて説明する必要もあるまい。ここではただ漫然と在来の歌舞伎劇に取り扱われている侠客なるものについて少しく考察してみる。

由来、侠客なるものの意義が中国と日本では相違している。もちろん、中国の侠客も義を見て命を軽んずる場合も屢々《しばしば》あるが、大体において俠客という字義は日本でいう男達とか町奴とかいうものではない。むしろ刺客というものに近い。その意味において、日本では曲亭馬琴の小説『開巻驚奇俠客伝』の名が最も正しいように思われる。しかし日本では因縁の久しき、俠客とは男気のある頼もしい人物ということになっている。しかもある場合に、かれが男気を出したからといって、その人物を俠客とはいわない。また、武士を俠客とはいわない。俠客とは平民階級に属していて、ほとんど専門的に、ほとんど職業的に、絶えずそういうことを繰り返している人物の名称になっている。

しかし今日は知らず、昔の江戸時代にどんな職業の人物が果たして存在していたのであろうか。いかに俠客だからといって、食わずには生きていられない。殊に彼等の習いとして幾人かの子分を養っているのであるから、生活費も普通以上を要するのは判り切っている。したがって、江戸時代の俠客なるものは、まず博奕打ちの親分か、さもなくば人入れ稼業である。たまには料理茶屋の亭主などにもあったらしい。大阪では雁金《かりがね》の五人組などを男達《おとこだて》というが、それは浄瑠璃作者がこしらえ上げたもので、実際の雁金文七等はいわゆる不良青年の団体であるから問題にならない。

ところで、在来の歌舞伎劇にあらわれている俠客――芝居では俠客とはいわない。男達《おとこだて》といっている――はどういうものかと考えてみると、彼等はみな無職業である。単に男達というものとして取り扱われている。単独で横行闊歩しているのもあるが、たいていは大勢の子分を養っている。

懐に大枚の金を持っているのもあれば、金に困って大世話場を演じているのもある。彼等が舞台にあらわれる以上、少なくとも喧嘩の一場がなければ納まらない。その喧嘩相手は、おなじ男達の場合もあるが、多くは武士である。しかも普通の武士としては当たり障りのあるのを憚《はばか》って、たいていは浪人としてある。それも普通の浪人では相手に取って手堪《ごた》えがないので、その浪人は剣客で大勢の門弟を有している。おまけに金持ちで、懐中にはいつでも百両や二百両の包みを忍ばせている。

要するに、子分を有している町人と、門弟を有している武士との対抗である。そうして、その争議の原因は、宝物の詮議か婦女の奪い合いである。町人は立役《たちやく》である。武士は敵役《かたきやく》である。武士は黄金の威力をもって一旦は相手を圧迫するが、おのれにも不正の暗い影があるので、結局は一身破滅に及んで町人の仕返しの刃にたおれる。その間の経緯に多少の相違はあるが、大体の筋書はみなこれである。武士が正義に与《くみ》し町人が不義に与し、結局町人が滅亡するなどという筋書はない。それは平民階級を唯一の観客と頼んでいる江戸時代の劇場として当然のことである。その千篇一律を咎《とが》めるのは野暮かも知れない。

したがって、在来の歌舞伎劇でいわゆる俠客を取り扱ったものに、名作らしいものはほとんど無いといってよい。助六の豪宕《ごうとう》華麗、わずかに人目を刮《かっ》せしむるものがあったが、それも今では河東《かとう》節の凋落と同じような運命の下に置かれている。長兵衛は鈴ヶ森で依然として気を吐いているが、他の俎《まな》板や湯殿のごときはもう過去の夢となってしまった。

この両大関がすでにこの通りであるから、他はほとんどいうに足らない。黒手組の助六も、野《の》晒悟助《ざらしごすけ》も、御所の五郎蔵も、腕の喜三郎も、金看板の甚九郎も、次第にその影が薄れてきて、だんだんに舞台の上から駆逐されつつある。

俠客なるものの価値や批判は別問題として、それを舞台の上において観る時、江戸の平民階級に迎合するべく作られた俠客劇が、明治大正の時世に適応しないのは判り切ったことである。平民の味方となって武士階級に対抗した俠客劇が、封建時代の観客に歓迎されたと同じ意味において、今後の新しい俠客劇は平民の味方となって有産階級に対抗するものでなければならない。

むかしの作者も俠客を主題として筆を執る場合、なにか他の考案が無いでもなかったであろうが、前にもいうような千篇一律の約束に縛られているのであるから、どうにもこうにも手の着けようが無かったのであろう。俠客を主題とした歌舞伎劇に名作を生み出し得なかった原因もここにある。要するに町人の俠客が武士に苦しめられたならば観客も共に泣き、町人の俠客が武士を取拉《ひし》げば観客も共に喜び、それだけのことを滞りなく仕負せれば俠客劇の役目は済んだので、作者も俳優も観客もその以上を望んではいなかったのであるから、それに対して縦横変化を望むは無理であると同時に、名作の出なかったのも当然すぎるほどに当然であると思わなければならない。

24　黙阿弥劇の侠客

河竹繁俊

一

時々舞台へ現れる「黒手組の助六」というものがある。骨子は歌舞伎十八番の「助六」とたいして違わないが、世話狂言風にぐっと砕いたものである。この江戸末期的の黒手組の助六は黙阿弥の作です。

時代から言うと、安政五年（一八五八）三月市村座にはじめて稿下上演されたもの。先代の市川小団次という役者――柄も小さく、音調も乏しく、世話物を得意とした役者――に適するように構案されたものであった。武士の鳥井新左衛門に仇を報じ、北辰丸の銘刀を奪い返すという侠客になっている。

『腕の喜三郎』は近時中村吉右衛門が得意として屢々《しばしば》演じるが、黙阿弥作の侠客劇中最もいいものと私は思っている。文久の三年（一八六三）八月に出来た芝居で、黒手組の助六をやった小団次が同じく演出したものであった。

神崎甚内という剣客の弟子である喜三郎が、女中のお磯と恋におちて追放せられたが、十数年をへた時には、炊出し御用を勤め、気おいの若い者、勇み肌の兄イ連中を大勢使いこなす身分になっていた。そうして剣道に達しているところから、喜三郎の腕ッぷしは強い、あの腕に逢ってはかなわないというので、喧嘩早い仲間の中でも恐れられていた。その喜三郎がふとしたことから旧師神崎に面会し、門弟と密通した愛嬢の保護に任ずるために、詫を入れなければならぬこととなる。けれども、神崎は容易に許さない。腕の喜三郎とあだなされるくらい、喧嘩口論もすれば腕立てもする、すなわちまだ素行が十分に修まっていないと認めるから許せないということになった。喜三郎は惜しげもなく右の片腕を切り落して詫を入れる。神崎もその誠意に感じて出入りを許し、娘の保護を黙許する。

この娘に思いをかけていた結果、神崎に反感を抱いた大島逸平という敵役があって、これが師ではあるが神崎に背き、神崎の娘を喜三郎の手から隙に乗じて盗み出し、喜三郎の謹慎中を見込んで、恥辱を与える。喜三郎はとうとう堪忍袋の緒を切り、片腕ながら大島一味をやッつけ、娘を取り返すという趣向のものである。

二

この『腕の喜三郎』の中に、喜三郎が大島逸平に恥しめられても、じっと師匠神崎に誓った言葉の手前、我慢をして打擲《ちょうちゃく》するがままに任せるところがある。すると、そのあとで、事件を起こした発頭人――曙源太というのであるが――が、突然に親分へ無理を言い掛けて礼状を張り、親分子分の縁を切って貰いたいと言い出す。すると、ハタの者がよってたかって、そんな恩知らずがあるものか、義理を知らねぇ奴だというので責める。するとそれをいい幸いにして、仲間とは兄弟分の縁を切り、親分とは尚更関係を絶つというくだんになる。結局ハタのものも愛想を尽かして、

「そんな恩も義理もわきまえない奴は勝手にしろ」

というので、時としては打ったりたたいたりして、格子戸の外へ突き出す。

するとそこへ親分がはじめて口を出して、

「いいや、暇はやられねぇ。この礼状文は受け取れねぇ」

と言いながら、縁切状をべりべりと引き裂く。御当人は元より、ハタの者が一同、

「えッ――」

とびっくりする。親分は静かに口を開いて、貴様の肚《はら》じゃあ、自分のことからことをまき出して済まねぇ一心から、おれと親分子分の縁を切り、向こうへ切り込むつもりだろうがそりゃあ、おれが不承知だというので、

「それじゃあ、そういう心であったか」

ということに一同がなる。

こういう段取りなり、技巧なりは、ほとんど慣用的といっていいくらいに『腕の喜三郎』ばかりでなく、よく侠客劇の中の、こういう行き方の同じシチュエーションに用いられている。黙阿弥も

好んで、この形式をかなり飽きずに用いている。

『腕の喜三郎』の中のは、これが最も効果的であり、いい出来である。曙源太がふてくさったことを言うのにたえかねた、喜三郎の女房お磯が、源太の親の位牌を取り出して折檻するところは、おそらく一篇中でのクライマックスでもあったろうが、いい心持ちに書けている。先代の尾上菊次郎という役者がここのところで、ステキな芸当をして見せたという。

侠客劇にこの手法は一種のマンネリズムといっていい。無論この技巧でもって、侠客的の気分なり、性格なりをはなはだ濃厚にすることは争われない、たしかに効果的ではある。

三

同じ作者の『明石志賀之助』の中にもこれがでてくる。『金看板の甚九郎』の中へもこれがでてくる。『実録伊賀越』の中の侠客、夢の市蔵の中へもでてくる。まだまだそんなことではない。またいつもの筆法が出たと読者にも見物にも思わせるくらいである。

それから、芝居の構造から見ての共通点は、武士を対象として事が構えられ、その武士に親父以来の怨みがあるのを報ずるとか、子分の恥しめられた怨みを報ずるとかいうこととなっている。これは侠客なるものの性質上、これ以外にお膳立は出来ないはずである。『黒手組の助六』『御所の五郎蔵』『野晒し悟助』『湯殿の長兵衛』『松前屋五郎兵衛』などという、黙阿弥の書いた主なる侠客劇は、みなそうである。また実際これはそうでなくてはならないのだが、芝居となると、またかというので、弱らされる。

しかし『勢力富五郎』となると、博徒の方だから、武士の臭いはちっともない。『加賀鳶梅吉』のごときも、鳶の者ではあるが、きおいで任俠的で、準俠客と称すべきものであるが、これにも武士の気は少しもない。

準俠客ということを言ったが、不逞無頼であっても、また賊を働くような者でも、義俠的精神を多分に持っている者を、一種の俠客、すなわち準俠客と言ってはいけないだろうか。

江戸の末の無警察状態の中にあって、一面その無警察を利用すると同時に、義俠的精神を持っていて、任俠的の行動をしたものも、準俠客または頽廃的俠客と言うこともできようか。河内山宗俊は俠客ではない。が、質屋の娘の窮境を救ってやるために、（無論金になる見込みは十分にあったのだが、）上野輪王子宮の御使僧と化けて娘を取り返した。これは実際かなりの冒険であるし、任俠的行為とこれを認めることもできる。鼠小僧次郎吉も賊は働いているが、お元新助の身投げを救って百両金を盗み出して恵んでやる。「義賊」というものを世紀末的俠客の一部分と、私は解釈してみたい気がする。

四

黙阿弥の書いた俠客劇は、たいてい復仇の実を挙げ、目的を貫いて結末となっているが、ただ一つ侠客が力まけをして、自滅している例外がある。

幡随院長兵衛——水野十郎左衛門の招待に応じ、死を覚悟して行って水野邸の湯殿において長槍をもって刺される——いわゆる『湯殿の長兵衛』の長兵衛も刺殺《さし》されるが、覚悟して行ってやられるのだから、殺されるのが実は一種の報復であり、勝利を示しているのだから、殺されたからといって、自滅だというのではない。私の自滅した侠客と呼びたいのは、『夢の市蔵』なのである。

『夢の市蔵』は黙阿弥作の『実録伊賀越』の中の一挿話になっている。この件は講談にも多分材料はなかったかと思う。例の澤井又五郎を匿《かく》まった旗本矢部城五郎（芝居ではこういうことになってぃる）の邸《やしき》へ又五郎の老母を連れて行って、又五郎と取り換える役目を仰せつかった笹川丹右衛門というものがある。この丹右衛門の妹を女房にしている町奴に夢の市蔵というものがあった。

丹右衛門は矢部のために計《はか》られて老母を取られ、又五郎は渡されないという目にあわされ、恨みを呑んで自殺した。この一件から市蔵は根本的に矢部を怨敵視している。そこへ宵寝の宗治という子分が、愛宕山で矢部の家来と言い争い、とうとう矢部の邸へ連れて行かれ、市蔵にあやまりにこいという段取りになった。

元々宗治に理があったのだから、それだけでも、宗治を奪い返すために、あばれ込んでもよかったのだが、丹右衛門の一条があるから、どうしても江戸中を騒がすような大喧嘩を一つやって矢部をへこまし、宗治の恨みを返し、ついでに丹右衛門の恨みを晴らさねばならないと意気込み、準備おさおさ怠りなかった。

こういうことを聞き込んだ、平生親交のあった一時半兵衛伊豆屋重兵衛などという俠客が仲にはいって口を利きはじめたが、矢部の方では、市蔵が自身に出てきて悪かったとたった一言でも詫をすれば、宗治の罪は許して返してやるという、市蔵の方では絶対にそれは出来ないと頑張って、交渉は成立しなかった。

そのうちに市蔵はオコリを煩らってぐずぐずして時が延びる。矢部方の木葉侍が様子を見にきて市蔵を恥しめるというようなこともある。が、結局は仲に入った一時半兵衛が、天下の大事にならせては大変だという伊豆屋重兵衛（知恵伊豆を当て込んだ役名）の切なる勧説もだし難く、市蔵を毒殺するの外ないということになる。そこで半兵衛は市蔵に対する情義上、同時に毒薬を服して、共に死ぬという結果になる。

俠客市蔵があっちこっちへの義理に負けて、決心する時期を延ばし延ばししているうちに、報復的手段に何等出ることとなく、自滅しなければならなかったことを描いている。俠客が俠客負けをした、めずらしい悲劇かと私は思う。もっとも、こういう事実はたくさんにあったであろうが、芝居としては異例に属する。しかし、では、役が悪いかというにそうでない。結末がいたましいだけに役廻りはよくなっている。

当代の尾上菊五郎や市村羽左衛門が時々演じ、得意の出し物の一つになっている。

五

私は黙阿弥劇によって、俠客の領分が広められたとは思わない。特異な俠客が生み出されたとも思わない。類型的ながら俠客を、的確に舞台の上に現すことには成功しているが、特殊な俠客が創造されたとは考えられない。

25 遊廓と侠客

長尾素枝

一

灯入りの遠見に桜の釣枝、仲の町の夜桜といえば新吉原三景容のひとつで、ここへ派手な衣裳に落としざし、肩に手拭い、腰に尺八をさした男達が出てきて、武家の乱暴者をこらすとか、仲間同士で喧嘩をするとかいう場面は、舞台の上だけで見て知っているが、こういう場面から考えただけでも、遊廓と侠客とは切っても切れぬ関係があるように見える。

この遊廓や侠客というものが発生したについては、それぞれの経路を取って発生したものであろうし、またそれらが残存したことについても、いわゆる、残存の理由なり、権利なりがあったのであろうが、一方時勢の推移とともに祇園精舎の鐘の声ではないが、盛衰栄枯はまぬがれず、それらの上にも幾多の変転のあとが窺われる。

いでや物識りめかして、年寄染《じ》みたそれらの考察をはじめようとすれば、怪しくもありむずかしくもあるから、ただ読んだり聞いたりしたことを種として、思いついたままに片っ端からかまわず並べて見ることにする。

漢に遊女あり、遊行婦が浮かれ女だと昔々の引事《ひきごと》を持ち出して見たところで、それは遊女娼婦で、遊廓娼家のことにはならない。俗説には平家の女達が西海（九州地方）の果てに流浪してたつき（生活の手段、生計）に困り、一団となって笑いをひさいだとかいうが、あるいは戦敗後、都へは帰れなかった女房が雑魚《ざこ》一匹のために貞操を売るというような悲惨事があったかも知れぬ。

とにかく江戸では慶長頃まで、傾城《けいせい》（遊女のこと）屋が二、三軒ずつ散在していたが、軒並に集まっていたのは、麴町八丁目、鎌倉河岸、柳町の三か所であったという。遊女を伝奏屋敷評定所へ、お給仕人として呼んだのは、板倉伊賀守勝重の計らいで、これは文禄年中上方大地震の時、女中が横死したから京の遊女どもを秀吉の召された例にならったのだそうである。

また諸侯が遊女を招いたのは、国にいる簾中奥方連を江戸へ引っ張り出すためであったともいう。元和年間にはじめて傾城町の免許があり、葺屋町の下に二町四方の場所を下された。葭茅《よしちがや》の生い茂ったところを切り開いて町としたから、葭原《よしはら》と言ったが祝って吉原と書いた。それが明暦三年今の浅草の地に移って新吉原となった。

遊廓のはじめも俗曲の文句にある、

「そもそも廓のはじまりは、弓削《ゆげ》の道鏡《どうきょう》しかじか」

とさかのぼって見たところで、秦河勝《はたのかわかつ》を楽人の祖とし、野見《のみ》の宿祢《すくね》を角力道の遠祖とするようなちなみ（因縁）はないと思う。

伝奏《てんそう》屋敷や諸侯の邸《やしき》へ出入りした遊女が、いわゆる大名の相手をする太夫で、太夫以下数等の階級を持った娼婦のいる遊廓が出来たことは、明治の政府が一部分待ち合いの政治であったと言われるように、当時の政治は一部分女郎屋の政治であったともいい、また諸国人が入り込む江戸であるから、こういう遊所悪所を設けて人をしらべ、犯人を捕えたのだともいう。

そういえば吉原へ槍を立てて、駕籠に乗って入れたのは医者だけで、そのほかは大名たりとも無刀徒歩で入らなければならぬという高札があったそうだ。腰の物をあずかるという風が残ったのか、日曜日に兵隊さんが遊びにくると、敷台で帯剣を預ってしまうが、あれはおそらく遊廓だけのことかも知れぬ。

大小を取り上げることは出来ても、ふところに呑んでいる匕首《あいくち》を出させることは出来ない。何しろどこの何者だか分からぬ人間を、二階へあげるのだから、あらかじめ身体検査を行わねばならぬ。ここにおいてか女達が肩や背中を叩いたり、からだを摺り寄せたりして調べてくれる。そういう関門を通るとはじめて検査ずみとなって階上へ通される。そう聞いてみると、叩かれても擦られても一向にありがたくないような気がするが、娼妓の部屋には紐類を一切置かぬとか、すべてこれ自衛上から案出されたものである。

二

俠客男達といえば弱きを助け、強きを挫く任俠の徒で、男伊達《おとこだて》と書けば何となく伊達者、派出者という感じがするが、俠客男達というう ちには、市井無頼の徒、ならず者という意味が含まれているようだ。佐野次郎左衛門のことを、

「百姓とはいいながら博奕を業とし、俠客の類《たぐい》にて」

と言い、助六のことを、

「浅草花川戸に助六というものあり、これは男伊達にて悪者ゆえ後にお仕置に成りたり」

と言うのを見るとどうも俠客男達というものは余り好い者とは思われない。西澤一鳳が雁金組の五人男のことを、

「無頼のあぶれ者」

と言い、

「半俠半賊の悪徒」

と書いたのは、彼等が善人の俠客ではなかった実説を記したのとともに、俠客という言葉が含む意味の一端を物語っていると思われる。

いさみ、市虎といえば火消し、職人等の勇肌、勇俠の徒だから俠者だろうと思うが、同じことでも勇肌の一称「伝法肌」となると少し違ってくる。でんぼうは無銭の義で、ただで興行場へ立ち入ることだが、もと浅草伝法院の下人から起こった言葉というと、同じことでも勇肌と伝法肌では柄において多少の相違があるかと思う。

また遊び人という言葉がある。あそびは慰み、手慰みの意味だから、遊んでいる人、無職業者と

いうよりは博徒、ばくち打ちである。ふるくは博徒のことを「ばくち」と言って、ばくち打ちというのは重言だと言うが、むずかしく言えば禁を犯して博奕を生業《なりわい》とする無頼漢であり、俗にいうごろつき、そこらにゴロついているから破戸漢《ごろつき》という、一定の居所なき悪漢である。かの野洲無宿なども肩書の附いた無宿者は、やはりこのごろつきであろう。無論、博徒にもピンからキリまであって、その親分株、兄い株になればそれは任俠の徒だろうが、下ッ端は放蕩無頼の悪徒であるわけになる。

いさみとあそびとは本来別のものであるはずだが、仕事師職人等の勇俠の徒は、芸人と同じくらいにこの手慰みをする。先年までは消防夫が賭博で挙げられたことはなかったが、方針が変わって仕事師までもドシドシ手が入るようになったという、一老消防夫の嗟歎《きたん》は、いさみとあそびの関係をカナリ明白に語っている。そう言えば遊廓内の人々も、この遊戯を好む。

三

一体、俠客男達という者はどんなものか、今、代表的な形態を捉え、その特徴らしきものを検して、少しく発生の経路を考えてみたいと思う。

前にも言ったように時代時代によって変遷もあろうが、まず男達の出立といえば、裾や袴を高くかかげ、大小つかみざし深編笠の前期と、派手な衣裳に落とし差し、肩に手拭い、腰に尺八という後期に分けられる。前期の武家派、浪人式の時代にも、町人または浪人者の成った町奴があって、はるかに後期俠客派の先蹤をなしていたとも思うが、盛り場なぞへ出てくる俠客としては派手さにおいても前者に一籌《いっちゅう》を輸《ゆ》する（負ける）と思われる。

遊廓の傍系に風呂屋というものがあって、江戸中にも多かったが、神田と木挽町のが盛んであったという。神田のは雉子町堀丹後守の上屋敷の前にあったので、丹後守邸前を詰めて丹前風呂といい、有名な湯女勝山という女がいて、多くの男がここへ通ったが、勝山自身女俠で、ここに丹前風、丹前好みという一種、艶冶《えんや》俠の風俗が出来上がった。

この勝山がのちに吉原へ現れたので、大小、立髪の異風が吉原通いの風俗になったとか、丹後守の邸前に大友幸右衛門という者があって、元吉原へ通うのに道一ぱい六方《ろっぽう》踏んで歩いたから、六方のことを丹前といい、それをまねて丹前風が出来たともいう。または丹前風呂で着物を替え、白柄の大小に白繻子の巻羽織で吉原へ通う青年の姿を、俳優中村七三郎が狂言に採ったから流行したともいうが、とにかくこの俠者の風俠華美な異風であったことは分かる。

ここで気になるのは六方ということだ。六方、六法などとも書くが、役者が花道の引っ込みなぞに足取りおかしく手を振って歩くそのもとが、どこから出たものか知らない。けれども多くの場合「六方」という言葉は「奴《やっこ》」の別名のように使われている。

そこで考えて見ると、かの参勤交代の途次《とじ》、旅情を慰めるために道具持ちの供人《ともびと》が一種の技巧を画した歩法をした。奴が槍を振って歩くのは、重いから実際そうして持ったのかも知れないが、槍を投げて受け取ったり何かするのは、何かそういう実際上の手練から出たものかも知れないとしても、太平の世にあっては一種の見物となったに違いない。そういう奴の歩き方、それが六法だと思う。

古の軍学陣法にその原拠があって、しかも名称は仏典の何々から出たというようなことでも分かれば面白いのだが、六方、六法いずれが正しいのだか、それさえ自分には分からない。ただ、六方、丹前、奴、槍というものを、一列に並べて考えるささやかな拠り所は持っている。かの何々丹前と称する所作事を見ると、いずれも毛槍や花槍を持って踊る。槍おどりに成っている。川柳にいわゆる、

「丹前はなんにもないを結ぶよう」とかいう丹前六法の、物を結ぶような手附も、歩法によって出来たもので、その歩法は何か持物の扱いによって出来たと考えられぬでもない。

丹前は寛永に流行したというから、それならば吉原移転前だが、移転後の万治寛文に市中を横行した俠客の組、鉄砲組竹籬組、鶺鴒《せきれい》組、吉屋組、大小神祇組、唐犬組と六つあるから六方で、それらの男達の仕打を六方ぶりと言うのだとも解せられる。一体、この男達どもは起居動作が荒々しく、言葉なぞも片言を好んで、涙をナダ、ことだをコンダなぞと、勝手に詰めたり延ばしたりして、いわゆる六方言葉を用いて喜んでいた。当時一種のダダイストなのである。この言葉の点から考えても、どうも六方言葉は奴言葉らしく思われる。こう考えてゆくと、月代を伸ばして、額際をぬいた丹前風の髪は、頭を深く剃り落とすと下人結髪の風ではないが、どこかにヤッコライズされたおもかげが見える。

四

丹前風の髪ということを考えると、鶺鴒組は鶺鴒のような髪を結った人達ではなかったかと思われる。髷に鉛の重りを入れ、髷をゆるく結んで、動く度に刷毛さきが鶺鴒の尾のように動くからそう呼ぶのだそうである。すると唐犬組は唐犬額の奴頭らしく思われる。

一体、昔は貴人が髪を貴んで、剃るということをしなかった。仏教が剃刀を輸入してさかんに皆の天窓を剃った後にも、月代を剃るということは行われないで、額の毛を毛抜で抜いていた。男ということを、

「額にも毛抜を当てるほどの者」

と近松の作中の人物も言っている。武士は戦陣にある時のみ木の「げつしき」という剪刀で月代を剃り、軍が止めばまたもとの総髪になったが、仏家の剃刀を用い、かつ月代を広く剃り落とし、髷を下の方に結びはじめたのは信長で、

「われに同心の者はかくせよ」

と下知したから、この風が行われるようになったという。して見ると後に月代を剃るようになったのは、軍陣の風が太平の世まで残ったものと見える。侠者の風としてはふさわしいものであるかも知れぬ。

「肩に手拭、染もかまわぬ江戸自慢」

という、鎌に、輪に、平仮名のぬの字を染め出した闊達ぶりは、一種の異風、派手であるとしても、背中に尺八をさしたのは何のことだか分からない。そこで面倒でもこの尺八について考えて見ると、これは普化僧の亜流らしく思われる。

普化宗は禅宗の一派で、唐の普化禅師に創まり、建長年中わが法燈国師覚心が入宋して護国寺の仏眼禅師に参じた時、某について虚鐸《きょたく》の曲を受け、帰朝後鈴鐸に代えるに尺八を吹いて読経に合わせた。その弟子寄竹の後に僧虚無というものが出て、はじめて天蓋、掛絡、副子等の服制を作った。この虚無は実に楠木正成の孫で、世を遁れて僧となり、尺八を吹いて諸国を流浪した。虚無僧の名はこれから起こったという説がある。また一説には文明年間一休和尚の友達朗庵というものが、臨済四世風穴禅師の風を慕い、自ら風穴道者朗庵と名乗って尺八を吹き、宇治川のほとりに円音寺を建てた。これが普化僧のはじまりだともいう。

とにかく天蓋という冠り笠に袈裟衣をまとい、剣を帯び、木履を穿き、尺八を吹いて諸法を遍歴する薦僧、虚無僧、暮露、梵論字《ぼろんじ》などという者が出来たが、いずれも武家の浪人で、流浪者が寄り集まり、自然と一宗一流をなして禅宗に属し、起源は旧いけれども普化宗となったのは徳川時代だという説もある。

京都に寄竹派の明暗寺、武蔵に括総派の鈴法寺、下総に勤詮派の一月寺、上野に小笹派の理光寺、常陸に小菊派の心月寺という風に、いわゆる虚無僧寺が出来、虚無僧改めなどということが行われるほど盛んになった。三浦屋の小紫になじんで、熊谷堤で人を害した白井権八が逃げ込んだ目黒の寺も、確か虚無僧寺であったと覚えている。

雁金組の五人男も、木津屋の養女をモデルにしたとかいう女達、奴の小万も、野晒悟助も、助六も、暁雨も、男達は皆この尺八を背中にさしている。所作へ出る雁金文七なぞは、虚無僧になっている。虚無僧の天蓋が、深編笠となって丹前風の武士的侠客者へ伝わったとすれば、尺八はそのまま平民的侠者の附属物になったとも見られる。もと仏者から出た楽器としての尺八は、昔ギリシアの哲学者が花園を持っていて、そこで思索したというように、この市井の侠者に一種の奥床しさを与えている。吉原通いの男達が土手ぶしを唱ったというのと同じような、侠者の芸術教育かとも見られる。ニーチェであったか、花園のない哲学者はあやまるというようなことを言っていたが、同様に尺八を持たぬ男達も殺風景なものであろう。

けれども楽器としての尺八のほかに、男達にあっては武器としての尺八を考えなければならない。鳴物でない一種の装身具と見ても、なおその護身用であることは見落とせない。虚無僧や男達が、尺八で悪者を追い散らすところは、これも舞台でしばしば見受けるが、武器としていつ頃から使用されたものか、強いて知ったかぶりを言えば、越後の謙信が木綿の胴服に、鉄の笠を頂き、三尺ばかりの青竹を持って士卒を下知《げじ》（命令）した、これは梁の韋叡が竹如意の遺風だと、『常山紀談』に書いてあったが、あるいはそんなところでもあろうか。

して見ると男達の頭は織田信長にはじまり、尺八は楠木正成の孫、ないしは上杉謙信にはじまったものだろうか。

五

元和のはじめ、幕府は大額《おおびたい》、大剃《おおそり》さげ、大刀《たち》、朱鞘《しゅざや》、長脇差《ながわきさし》、大鍔《おおつば》、大角鍔《おおかどつば》等を禁じたが、承応と貞享の両度、男達町奴を捕えて厳罰に処した。そして寛文には町人の大額を戒めた。大刀は二尺八寸九分、大脇差は一尺八寸を限度とし、町人の帯刀を禁じたのも、庶人は短刀一口のほか携うべからずと令したのもその頃である。戦国の余波を受けた侠者の輩も、こうなってはいきおい文化的にならざるを得ない。

元禄の吉也風以後、廓に入り込む侠者の輩もいろいろあったろうが、今度は眼を転じて他から入る侠者でなく、廓内の侠者を見ることにしよう。幕府の庇護から離れた後にも「遊女屋の主は武家の果《はて》」ではあったが、その武家というのは旗本御家人の二男三男である、武家出の侠者博徒でもあった。おとなしい士族もあったろうが、とにかく勇みや遊びや、派手や無法をゴッチャにした、半侠客準侠客の交際仲間が少なくはない。堅気ではない、そしてもとより弱い稼業であるから、悪人でなくても強い、恐い人間でなければ出来ない。侠者が職業を持たなければならない時代に、寄席を持ったり、廓内で店を開いたりするのは、まず当然な経路と言ってよい。楼主しかり、台屋《だいや》（遊廓の仕出し屋）という台の物を入れる食類店主しかり、番屋者といい、台屋者といい、宿車の挽子にしても、渾名と入れ墨を持った、あまり大人しい方の人間ではない。無論、廓内にいたり、出入りしたりする遊び人もいる。これらをつッくるんで侠者と見れば、まことに遊廓は侠者の巣でもあるわけだ。

以前、さとや（佐渡屋だか砂糖屋だか分らぬ）という台屋があった。そこの主人清ぼうさんは筆者が会った頃は、もうしなびたお爺さんであったが、後に年寄に聞くと、この老人はゆすり、博奕打、巾着切護摩の灰、吉原無宿火の玉小僧の清吉とかいう、長い肩書を持った悪党であると、こういう主人を持つのだから、諺にいう強将のもとに弱卒なしで、台屋者といえば鮨屋職人でも何でも、渾名と入れ墨があって、喧嘩がすき、そういう所だから、背中にドスを呑んで、手に菅笠を持ち、草鞋を穿いた男がたずねてくると、職人が出てこういう仲間同士が出会った時の挨拶、例の「お控えなすって」を初める。

内田魯庵氏の直話に、ある無銭遊興の達人が、ある家に登楼して、翌朝勘定という時、いで踏み倒してくれようと手ぐすね引いて待っていたら、そこの男が茶と菓子を持ってきて、勘定は取らないが二度とこられないような挨拶をされた、鉄砲菊というその男にあっては閉口した、とその達人が言ったそうだが、この渾名は無鉄砲な男という意味らしい。もっともこれは余程後の話で、カナリ利口な、弱々しい話である。

壮士や土方等を屁とも思わぬ、昔の俠者というものは、もっと無法なあばれ者だったらしい。これもある台屋での話だが、そこへ一人の男がきて、酔っていたが乱暴をはじめ、何某の身内だと言ってあばれた。するとそこへ当の何某がきたが、雨上りの足駄を穿いたまま、乱暴者を踏んづけて半殺しの目に会わしたという。

かの日露戦争後の交番焼打の際、群衆は警察分署を襲って乱暴した。日本提分署は難に会ったが、浅草の象潟《きさかた》町では署長が源三位頼政の故智に倣ったのか、事なきを得たとか聞いた、その時である。吉原が襲撃されるという流言がどこからともなく伝わって、廓内は流石《さすが》の不夜城も文字通り火の消えたような淋しさとなった。田甫の繁の身内が素足に草鞋で、鉄の棒なぞを携え、提灯を列ねて群衆の来襲に備えていたとかいうことだった。もちろんそんなことは根も葉もない嘘で、遊廓は何事もなかったが、警察力が稀薄になった時、外では在郷軍人団が活躍したが、そこでは遊び人が万一に備えていた。これらはまず一種の自治と見ることも出来るが、たまに廓内へ乱暴者が入り込んでも、妓夫、台屋者、地廻り、野次馬、外へ引摺り出されると、誰が誰とも分からぬ混雑の中で袋叩きにされてしまう。誰を相手に取ろうにも見当が附かない。つまりは撲られ損となる場合が多い。昔は知らず、これらの準侠、半侠、新侠、偽侠の侠徒網を張った中へ、外から入り込む侠客もなければ、あっても昔のように花やかな、目ざましい働きは出来ないわけであると言ってしまえば話は詰まらなくなるが、まずざっとそんな風でもあったらしい。

26　黄表紙の俠客

笹川臨風

花川戸の助六、じつは曽我五郎時政とくると、全然黄表紙です。

喧嘩嫌いの祐成《すけなり》は、客の迎えに出ている知りもせぬ女郎の、裲襠《うちかけ》の下へ隠れんとして、縁より突き落とされる。

「オヤ馬鹿らしい、何をしなんす」

「何もしやせぬ。裲襠の裏に模様があるか、また酒のしみでもついているかと思って見たばかり」

（色男十人三文）

などとあるのは、宛《えん》として、白酒売《しろざけうり》の新兵衛、実は曽我十郎祐成と同じ型ですね。

十郎祐成も敵の手がかりに身をやつし、木薬屋介十郎と名を改め、大磯の里へ通いけるが、大岸屋の虎に馴染み深き仲となる。しかるに虎が重忠の宅の大酒宴に招かれるにつき、その晴の衣裳を無心され、三文もあてはなけれども、無本勝負に受け合いける。

「介さん、どうぞ一生の晴でありんすから、必ず間違なしにへ」

「オット放下師《ほうげし》の小刀で飲込みじるし、必ずしも案じ給うべからず」（三幅対紫曽我）

黄表紙の曽我は、たいていこんなところですが、狂言の助六もまア同じ畑のものです。そこに江戸人のいい気なところ、洒落っ気があって、罪のない太平楽気分が横溢しています。

俠客のいきさつは、大概廓という背景があって、そこの達引《たてひき》なんでした。時候は陽春三月、月は朧《おぼろ》に霞んで、花は爛漫歌舞の菩薩の君達と、江戸時代には人身売買の憐れな犠牲をも美化した、そのきらびやかな連中がずらりと居並ぶのですから、江戸の人達は無暗に嬉しがったもんです。今日の若い人が助六を見て、馬鹿馬鹿しく感ずるのは、そこに大なる時代の溝があるからなんです。

いったい助六と意休《いきゅう》とを芝居で見ますと、助六の方が無理ばかりいっています。意休にむしろ同情と讃美とを禁ずるわけにゆきません。助六は甚《はなは》だしい不良青年です。しかし考えると、江戸の俠客なるものも、多くはこういう手合であったろうと思われるのです。俠客なるものが、鼻摘まみであったことは、想像するに余りあります。通りん坊（放蕩者）なるものは、廓荒らしであったのです。吉原年中行事にある深見十左衛門の詫証文に、

「我等しばしば五町之内にて度々騒がせ云々」

とあるのを見まして彼等の横暴さが思われます。助六も、この通りん坊にほかならないのです。しかし、

「鼻の穴へ屋形船を蹴込む」

だの、

「いかさまこの五丁町へすねをふみこむ野郎めらは、おれが名を聞いて置くが好い、先ず第一に瘧《おこり》が落ちる」

だのという、黄表紙的の、誇大な、歯切れのいい啖呵《たんか》を聞くと、気のいい江戸っ子は無上に嬉しがったもんです。まったく罪のないことです。江戸の人間はどこまでも黄表紙に出来ています。しかし実際の江戸の俠客というものも、案外に黄表紙的であったろうと思われます。黄表紙は実写のものでなく、滑稽化して洒落のめすを得意としていますが、江戸児の性格なるものは、そこに現れているのです。実際の俠客は黄表紙流の無邪気なものでなくして、兇暴であったにしろ、深刻ではなかったと思います。鼻っ端は強かったが、案外腹が無かったのです。馬鹿に強がっていても、悄気《しょげ》ることも早かったのです。善くいうと、当たって砕けろで分からないことも勝手にほざきますが、分かると、一切を水に流すという、いい気なところもありました。要するに悪い意味の太平の逸民でしたろう。

助六の狂言は、正徳二年（一七一二）四月木挽町の山村座で、二代目団十郎が助六を勤めたのがその初めだといわれています。外題《げだい》は「花館愛護桜《はなやかたあいごのさくら》」とも、「花館愛護若《あいごのわか》」ともあります。同じ六年正月堺町の中村座で、式例和曽我の二番目、二代目団十郎は再び助六を勤めております。「花館愛護桜」の文句は伝わっていませんが、式例和曽我の中には、

「鉢巻の御不審か。この鉢巻は過ぎし頃、ゆかりの筋の紫の、初元結の巻きぞめや、初冠りで若

松の、松の刷毛先透き額、知恵もきじょうも身代も、おかったるいの巻物も、今夜の雪と同じこと」

「堤八町草そよぐ、草に音せぬ塗り鼻緒、一つ印籠一つ前、二重廻りの雲を帯」

とありますが、これは俠客の風ではなく、若衆歌舞伎の風を移したものです。今日琉球の踊りには、現に紫の鉢巻の風が残っております。

助六ばかりが不良青年の本領を発揮して、誇大な洒落づくめの啖呵を切るのではありません。揚巻という不良遊女（も可笑《おかし》いが）負けず劣らずに洒落気のある啖呵を切って、江戸児に喝采されています。

「お前と助六さんをならべて見たところが、こちらは立派な男振、こちらは意地のわるそうな男つき、たとえていわば雪と墨、硯の海も鳴門の海も、海という名は一つでも、深いと浅いは客と間《ま》夫《ぶ》、間夫がなければ女郎は、くらがり、くらがりで見ても、助六さんとおまえ、取違えてよいものか」

というに至っては、まったく鬼の女房に鬼神とやらです。

助六狂言はずいぶん馬鹿馬鹿しいものでありますが、江戸児なるものの、性格を説明すると同時に、江戸俠客の一面を道破しているものといってよいと思います。江戸の俠客には黄表紙的要素がありました。助六実は曽我五郎も江戸児好みであり、また俠客好みでした。かんぺら門兵衛も、朝顔せん平もたしかに江戸俠客のぺいぺいによくある奴です。

27　史記の游俠伝

田中貢太郎

中国で俠客のことを書いたものでは、『史記』の游俠伝がはじめであろう。『史記』の著者司馬遷は俠客のいかなるものかを説明して、

「游俠は其行正義に不軌なりと雖、然も其言必ず信、其行必ず果、已諾《すで》に必ず誠あり、其体を愛《おし》まずして士の阨因に赴く、既已《すで》に存亡死生す。而も其能に矜《ほこ》らず、其徳に伐《ほこ》ることを羞《は》づ」

といっている。言必ず信、行必ず果、前諾を重んじ、身命を惜しまずして、人の急に赴くのがほんとうの俠客である。

強盗にひとしいことをして良民を苦しめたり、賭博の縄張り争いから殺しあったり、お祭りの費用にかこつけて飲み代をねだり歩いたりするようなやくざ者を俠客というのは滑稽である。この意味において日本在来の俠客伝は大半改刪《かいさん》しなくてはならぬと思う。

『史記』の游俠伝には、朱家、田仲、王公、劇孟、郭解などいわゆる匹夫《ひつぷ》の俠を書いて、孟嘗君、春申君、平原君、信陵君などの王者の親属にして、有土卿相の富原を借り、天下の賢者を招いて、名を諸侯に顕わした布衣の俠には及んでいない。司馬遷は市井の匹夫としての俠に、游俠としてほ

んとうの意味を見出しているからであろう。司馬遷のこの分類法に間然《かんぜん》するところはないが、私は『史記』の刺客伝の一部も、この游侠伝の中へ入れたいと思うのである。

刺客伝には、曹沫、専諸、予譲《よじょう》、聶政《じょうせい》、荊軻《けいか》のことが書いてあるが、この中で曹沫、専諸、予譲は人の臣としての行為で、游侠としての行為でない。ただ聶政と荊軻の二人に至っては全然游侠としての行為で、そのうえ、この二人の行為は游侠の典型であろうと思う。

聶《じょう》政《せい》

軹《し》（河南省済源）の深井という所に聶政《じょうせい》という男がいた。人を殺したので復讐されないようにと、母と姉を伴れて斉《さい》の国に往き、狗《いぬ》を殺すことを職業にしている屠者の間に交わってかくれていた。そうしているうちに、衛の都の濮陽に厳仲子という者があって、韓の哀侯につかえたが、宰相の侠累と喧嘩をした。侠累は哀矣の季父《きふ》（おじ）で権勢があるので殺される恐れがあった。そこで厳仲子は韓の国を逃げだして諸国をまわり、豪傑を尋ねだして、その人によって復讐しようと思った。斉の国へ往ったところで、ある人が、

「聶政という豪傑が、仇をさけて屠者の仲間に入っている」

といった。厳仲子はさっそく聶政の家へ往って知り合いになり、数回出かけて往った後に、酒と肴を持って往き、聶政の母の前で酒宴をした。そして酒がはずんできた時に、厳仲子は百《ひゃく》鎰《いつ》の黄金を出して、

「お母さんの祝いにしてください」

といった。聶政はその金を見て、なんのためにこんなにたくさんの金をくれるというだろうと思って怪しんだが、もらう理由がないので押しもどした。厳仲子はそれをどうしても置こうとした。そこで聶政は、

「わたくしは、この母を伴れて、旅に出て貧乏しておりますが、狗を殺すことを商売にしておりますから、朝夕たべる物があって、親を養うに不自由をいたしませんし、こんな大金をいただく理由もありませんから」

といってことわった。厳仲子は人を遠ざけて、聶政に、

「わしは仇に復讐したいと思って、諸国へ往って人を探していたところで、この斉へきて、君が義人だということを聞いたから、金を献じて、お母さんに孝行する費用にしてもらい、君によろこんでもらって、交際してもらいたいがためだ、他に何の理由もない」

といった。すると聶政は、

「わたくしがこうして、賎しい狗ころしのようなことをしているのも、母を養いたいからであります。この母がある間は、わたくしの体はどうしても人に許すわけにはまいりませんから」

と言って、厳仲子の置こうとする金を無理にことわって取らなかった。それでも厳仲子は賓主の礼を備えてから往ってしまった。

そうしているうちに聶政の母は、天命をまっとうして死んでしまった。そこで葬式もすまし、喪

服もとったところで聶政は、

「俺は市中の賎しい狗ころしであるが、厳仲子は諸侯の宰相だ、その厳仲子は千里を遠しとせずに俺の所にきて、俺に交際を求めたのに、俺は待遇することができなかった。それにいまだ大きな功もないのに、厳仲子は百鎰《ひゃくいつ》の金をくれて、母の祝いをしてくれようとした。俺は受けなかったけれども、それは深く俺を知っていてくれるからだ。世の中の賢い人はすこし感心することでもあると、遠い片田舎の人でも信用する。それだのに、この俺が黙っているということはできない、そのうえ、前に俺に頼んだことがある。俺は母があるからといってことわったが、もう今では母も天命をまっとうして死んでしまった。俺はこれから己《おのれ》を知っててくれる者のために、その頼みをたしてやらなくてはならない」

といって、とうとう濮陽へ往き、厳仲子に逢って、

「前日、あなたに許さなかったのは、母があったからでございますが、その母が今度死にました。いつかのお話の仇というのは誰でございます」

といった。厳仲子は、

「わたしの仇というのは、韓の宰相の俠累だ、あれは韓王の季父《きふ》で、一門が豪いうえに、いつもたくさんの兵士に護衛されているから、わしが人をやって殺させようとしても、よう殺す者がない。君がもしやってくれるなら、いるだけの馬も車も、壮士も伴って往ってくれていい」

といった。聶政は、

「韓と衛とはあまり遠くありませんし、それに国王の親類の宰相を殺すことでありますから、多くの人を用いてはいけないのです、多くの人を用いると謀《はかりごと》が洩れるおそれがあります、そうなると韓全体とあなたと讐になりますから、あぶないです」

といって、乗り物も人もことわって一人で韓の方へ出かけて往った。

韓の府では宰相の俠累が出勤して仕事をしていたが、その左右にはたくさんの護衛兵が武器を持って護衛していた。聶政はいきなり入って階上にいる俠累を刺し殺した。府中は大騒ぎになって護衛兵は聶政を中に取り囲んだ。聶政は数十人の護衛兵を殺したのちに、顔の皮を剝ぎ、眼をくりぬき、それから腹を切って腸を出して死んだ。韓の国では聶政の死骸を市にさらして、誰かこの者を知っている者はないかといって聞かしたが、誰も知った者はなかった。そこでこの死骸を知っている者には千金をやるといって償をかけたが、しばらくたってもこれまた知ったという者が出てこなかった。

聶政の姉の栄は、韓の宰相を刺し殺した者があるが、その賊の姓名が判らないので、死骸をさらして千金をかけてあるということを人から聞かされた。そこで栄は悲しんで、

「それはきっと私の弟だ、厳仲子は私の弟を知っている」

といって、その足で韓へ往って死骸をさらしてある所へ往った。果たしてそれは聶政であった。栄は聶政の死骸にすがりついて泣いたが、やがて、

「これは軹の深井の聶政というものだ」

といった、市の者は皆口をそろえて、

「この人はわれわれの宰相を殺したので、王が千金をかけて、その姓名を聞こうとしておられるのを知らないのか。つまらないことをいってかかわりあっちゃ大変だよ」

といった。栄は、

「それを知っております、知っておって黙っておることができません、これは私の弟です、弟に母がなくなり、私がかたづいたから、己を知る者のために死んだのでありますが、それでもまだ私がありますので、人に知らさないようにして死にました。自分の命が惜しさに、豪の弟の名をかくすようなことができましょうか」

といって、天に向かって三度叫んだのちに、聶政の死骸のかたわらで泣き死んでしまった。

聶政の話は『聊斎志異《りょうさいしい》』に換骨脱胎されて「田七郎」の話となっているが、また別様の趣きがあって面白い。

荆軻《けいか》

荆軻《けいか》は『史記』に

「沈深にして書を好み、游ぶ所の諸侯、ことごとくその賢豪長者と相結ぶ」

といってあるところを見ると、自動車に糞を投げつけるようなやくざ者でないことは判かっている。衛の人で、その先は斉の人であった。荆軻ははじめに衛の元君に用られようとしたが、元君が用いないので燕へ往った。

燕へ往った荊軻は、狗屠をしている人達や筑《ちく》（中国の古代楽器）を撃つに上手な高漸離という男などと知りあいになって、毎日市へ出て酒を飲んでいた。酒がはずんでくると高漸離が筑を撃ち、荊軻がそれに調子を合わせて歌った。そして、情が激してくると二人は泣いたが、それは傍若無人というありさまであった。

燕に田光先生という処士《しょし》として有名な人がいた。その田光先生は荊軻を待遇した。その時秦に人質となっていた燕の太子丹《たん》が秦を怨んで逃げてきた。丹は人を得て秦に復讐したいと思ったが、国が小さいのでどうすることもできなかった。そこへ秦から樊於期《はんおき》という将軍が逃げてきた。太子の太伝の鞠武は、

「今、秦を怒らしてはよくないから、樊於期を匈奴の方へやるがいい」

といったが、丹は承知しなかった。鞠武は、

「田光先生を招いて国事を図るがいい」

といって田光先生を招いた。田光先生は丹の招きに応じて丹の宮へきて、

「これには荊卿を用いるがいい」

といった。そこで丹は、

「それでは先生にお願いして、荊卿と交りを結ぶことができましょうか」

といった。田光先生は承知して出て往った。丹はそれを見送って門口まで往って、

「今日先生がおっしゃったことは、国の大事でございますから、どうか外へ洩らさないように」

といった。田光先生は笑って、

「よし」

といって帰った。

田光先生はその足で荊軻の許へ往って、

「太子から国事を相談されたが、僕はもう老い込んでしまったから君を推薦しておいた、どうか太子の宮へ往ってもらうことはできまいか」

といった。荊軻は承知した。すると田光先生は、

「僕がこういうことを聞いている、長者はことを行うのに、人をして疑わしめないということであるが、今日、太子は僕に、いったことは国の大事であるから、外へ洩らしてはいけないといったが、これは太子が僕を疑ってからのことだ。事を行って人にこれを疑わしめるのはいけない」

といったが、自殺して荊軻を激発しようと思ったので、

「これから君は、急いで太子の宮へ往って、光はもう死んだといって、僕が国の大事を洩らさなかったことを明らかにしてくれたまえ」

といって自殺した。

荊軻は太子の宮へ往って、田光先生はすでに自殺したといって、田光先生のいったことを取りついだ。太子は再拝してひざまずき、涙を流していった。

「丹の田光先生を戒めたことは、大事の謀《はかりごと》を成就しようと思ったからでありました。田光先生は死を以て大事を洩らさないことを明らかにしてくれましたが、それは丹の本心ではありません」

といった。座が定まると太子は、

「田光先生は丹の不肖を知らないから、あなたとお目にかかれるようにしてくれましたが、これは天が燕を哀んで、その主を棄てないようにしてくれたからだと思います。今、秦は天下を併合して、海内《かいだい》（天下）の王を臣としないことには、その欲がおさまらないと思います。今、秦は、すでに韓王を虜にして、ことごとくその地を取り、南は楚を伐ち、北は趙に臨み、王翦は数十万の兵で漳鄴に距ぎ、季信は太原雪中に出ております。秦を支えることができないなら、趙は秦に降って臣になりましょう。趙が降れば、その災いは秦にくるでしょう。燕は小国で兵も弱いから、国を挙げても秦に当たることができません。諸侯は秦に屈伏しておりますから合縦を謀る者もありません。丹の考えには、天下の勇士に頼んで、秦に使を往ってもらい、利をもって秦王を誘うなら、秦王は貪るから、目的が達せられると思います。そこで秦王を劫《おど》して、曹沫が斉の桓公をしたように、諸侯の侵地をことごとく反さしたなら、これにうえこすことはありませんが、もしこれができないなら刺し殺せばいいのです。これが丹の願っておるところです。どうかこのことを心に留めてくださいますように」

といった。荊軻は太子の詞を聞いて暫く黙っていたが、

「これは国の大事です、私たちのとうていできることではありません」

といった。太子は進み出て頭をすりつけて、

「どうか譲らないで、この願いを聞いてください」

といった。

そこで荊軻が承諾した。太子は荊軻を上卿として上舎におき、毎日そこへ往って太牢の饗応をかまえ、また車騎美女を進めて荊軻の欲するままにしてあった。その時秦の将王翦は趙を破って趙王を虜にし、兵を進めて燕の南の界に追ってきた。太子は恐れて荊軻に早く出発してもらおうと思って、

「秦の兵が易水を渡ったなら、長くお側でお相手することもできません」

といった。荊軻は、

「太子のお詞がなくとも、私は出発しようと思っておりますが、ただ往っては秦王に近づくことができません。あの樊将軍を、秦王が金千斤と一万戸の村をかけて求めておりますから、樊将軍の首と秦の督亢の地図とをいただいて、それを秦王に献上するなら、秦王はきっと喜んで私に会いましょう。そうすれば目的を達することができます」

といった。

太子は、

「樊将軍は窮困して、この丹を頼んでこられたものであります。私は自分のことで長者の意をや

ぶるに忍びません。どうかあなたがやってください」

といった。荊軻は太子の気持ちを知ったので、そこでとうとう自分で樊於期の許へ往って、

「秦が将軍に対することは、あまりに残酷だ。将軍の父母宗族を殺戮したうえに、今聞くと将軍の首に金千斤、村一万家をかけております。あなたはどうなされるおつもりです」

といった。樊於期は吐息をつくとともに無念の涙を流して、

「わしはいつもこのことを思うと、骨の髄まで痛むような気がするが、どうにもしようがない。どうしたらいいだろう」

といった。荊軻は、

「それについて一言いいたいことがあります。そのとおりにすれば、燕の国の患が解け、将軍の仇も討つことができますが、どうです」

といった。樊於期は進み出て
「それはどんなことだ」

といった。荊軻は、

「どうか将軍の首をください。それを秦王に献ずるなら、秦王は喜んで私に逢いましょう。私は左の手にその袖を把《と》り、右の手にその胸元を刺します。そうすれば、将軍の仇が討てて燕の愧もなくなります。将軍はどうお考えです」

といった。樊於期は腕を奪《と》って進み出て、

「これはわしの日夜考えていたことであった」

といってとうとう自害して死んだ。太子はそれを聞くと樊於期の所へ駈けつけて、この死骸に取りすがって慟哭したが、もうどうすることもできなかった。

そこで樊於期の首を函に盛り、太子が予め求めてあった徐夫人という者の持っていた匕首を匣に入れて一緒に荊軻に渡した。徐夫人の匕首は、毒薬が染めつけてあるので、人をためしてみると血がわずかに縷《いと》のように出ただけで死ぬのであった。そこで荊軻を秦にやることにしたが、副使には秦舞陽という者が往くことになった。その秦舞陽は十三の年に人を殺したことがあった。荊軻はその時のくるのを待って一緒に往こうと思っている者があったので、出発の用意は調《ととの》っていたがいまだ出発しなかった。太子は荊軻が出発しないのは心がわりをしたのではないかと思って、そこで、

「もう日がなくなった、あなたに何か考えがありますか、まず秦舞陽をやりましょうか」

といった。荊軻は怒って太子を叱って、

「一本の匕首を持って、はかることのできない秦に入るのです、僕が留まっているのは、客のくるのを待って一緒に往こうかと思っているのです、太子はそれを遅いとしております、それでは、これからおいとまいたします」

といって、とうとう出発した。

太子及び燕の国の賓客でその事情を知っている者は、皆白い衣を着て白い冠をつけて、それを送って易水の上まで往った。そして、そこで祖道の宴を張った。高漸離が筑《ちく》を撃ち、荊軻がそれに和

して歌った。聞く者は皆涙を流した。荊軻は歌を進めた。

　風粛粛として易水寒し

　壮士一たび去って復《ま》た還らず

荊軻は車に乗って出発したが、二度と後を顧みなかった。

荊軻は秦へ往って、千金の幣物を秦王の寵臣中庶子蒙嘉に遺った。そこで蒙嘉は秦王に、

「燕王は大王の威光に恐れて、敢て兵を挙げて軍吏にさからわないで、国を挙げて内臣となって、祖先の祭を奉ずることを願っておりますが、恐惧のあまり何も口には出さないで、謹んで樊於期の頭を斬り、及び燕の督亢の地図を献じております」

といった。秦王はそれを聞くとひどく喜んで、朝服を著て、九賓の儀を設けて、咸陽宮で燕の使者を引見した。

荊軻は樊於期の頭函をひっさげ、秦舞陽は督亢の地図の匣を持って進み、やっと秦王のいる階段の下まで往ったが、秦舞陽は顔色が変わってぶるぶるとふるえた。すると秦王の臣達が怪みだした。荊軻は笑いながら秦舞陽の方をちらと見たあとに、

「北方のいやしい蛮人でございますから、いまだかって天子に拝謁を仰せつけられたことがございません。それゆえに慴《おそ》れてふるえております、どうかおゆるしを願います」

といった。秦王は荊軻に向かって、

「その者の持っておる地図を取れ」

といった。そこで荆軻は手にしている樊於期頭函をまず秦王の前におき、それから秦舞陽の手から地図の匣を受け取って、それをささげた。

秦王は荆軻のささげた地図の匣を開け、地図を取って繰りひろげた。地図のはしには徐夫人の匕首がかくしてあった。荆軻はいきなり右の手に匕首を持ち、左の手に秦王の袖を把って秦王に迫った。秦王は驚いて後に飛びすさった。袖が切れて荆軻の手から脱した。秦王はそこで帯びている剣を抜こうとしたが、剣が長いうえに惶《あわ》てているのですぐに抜くことができなかった。荆軻は秦王に襲いかかった。秦王は柱をめぐって逃げた。秦王の臣達は皆愕《おどろ》いたが事が不意に起こったのでどうしていいか手のつけようがなかった。それに秦の法として殿上にいる者はちょっとの武器も持つことができなかった。武器を持って警衛している郎中は廊下に並んでいるが、王の詔がなければ殿上にのぼることができないので、これまたどうすることもできなかった。そんなことで荆軻は秦王を逐《お》うことができた。臣達は無手で荆軻に立ち向かった。

この時秦王のかたわらには夏無且という侍医がいて薬の嚢をささげていたが、王危うしと見て荆軻にその薬嚢をなげつけた。それは秦王が柱をめぐって惶てふためいて逃げている時であった。左右にいた臣達は、

「王、剣を負え」

といった。秦王はその言葉に気がついて、長い室を背の方にまわして、前を短くして抜き放ちに荆軻を撃った。荆軻の左の股が断れた。荆軻はもう動けなかった。そこで匕首を引きそばめて秦王に

なげつけた。匕首は秦王に中《あた》らないで桐の柱の中《あた》った。秦王は復た荊軻を撃った。荊軻は八箇所に傷を被った。荊軻は自分でことのならないのを知ったので、柱に寄りかかって大声に笑って、

「ことのならなかったのは、おどして約束をして、それで太子に知らそうと思っていたからだ」

と罵った。そこで左右の臣が集まって荊軻を殺した。

秦王は大に怒って、王翦の軍に燕を伐たした。秦王喜は太子丹を斬って秦に献じようとしたが、後、五年してとうとう秦のために滅ぼされた。秦は燕を滅ぼした翌年、天下を一統して天子となった。それが秦の始皇であった。その時になって秦は太子丹や荊軻の客を逐うた。高漸離も逃げて、姓名をかえて酒家の酒保となっていたが、のちに宋子という者の客となった。秦の始皇は宋子の客に筑を撃つに上手な者があるということを聞いて、ある時前によんだところで、高漸離を知っている者があって、それが始皇に、

「あれは荊軻の客の高漸離であります」

といった。始皇は高漸離の才を愛して赦すことにしたが、そのままではいけないので馬の屎《くそ》で目をいぶして盲目にして、時どき呼んで筑を撃たした。高漸離はそこで鉛で挺《ちょう》（槍）をこしらえて筑の中にかくし、その次に始皇の前に呼ばれた時、始皇にその鉛の挺をなげつけたが中《あた》らないで始皇のために殺されてしまった。

28 徳川時代の刑法と侠客長脇差との関係

荒木桜洲

旧幕府の頃における対侠客長脇差との法律といっても、まずもって侠客と長脇差とを分離して充当せねばならぬ。もちろん長脇差にはおおむね侠客肌の者もあったが、侠客には御承知の通り長脇差を兼帯した者もあった。しかし侠客必ずしも長脇差たらず、また長脇差必ずしも侠客ではない。それは侠客の多くは素人であるのに、長脇差はことごとく商売往来に無いいわゆる家業の無いヤクザ者であったからである。

彼《か》の宝暦の頃に侠客をもって名高くなった任侠大口《おおぐち》屋暁雨《ぎょうう》のごときがそれで、彼は江戸蔵前の札差。吉原ぞめき（遊廓をひやかしさわぎ歩く客）の十八大通の一人として鳴らしたことは先年故九代目団十郎が歌舞伎座で上演した筋書によってほぼ察せられる。しかる次第で長脇差にはおおむね侠客風を帯びていたが、性質は全然別である。

如上の事実によって考えるに、侠客の行為は主に殺人犯であるとともに、長脇差は殺人犯と賭博罪とが相伴う結果を生ずる。これは両者の立場と性質としてやむを得ぬわけだが、要するに侠客の多くが素人であって、たまたま任侠の大義をみて、なさざるは勇なきなりという観念にかられて、人を救《たす》けるため殺傷沙汰を起こす。だから同じ殺傷でも長脇差の手合のように、双方多勢を狩り集め、乱闘の修羅場を展開して無数の死傷を生ずる大袈裟なのは稀《まれ》である。ゆえに賭博そのものによって重刑となるのでなく、遠島とか斬罪とかに処せられるのは主にこの仲間同志の争い、すなわち縄張区域の争奪戦。もしくは当事者以外に波及する第三者への迷惑を懸けることなどによる結果である。これに反して俠客の方面には、当事者以外世間一般に及ぼす悪結果が余りない。これが重罪とならぬゆえんだ。

俠客といえば大口屋暁雨もそうだが、かの浅草を組十番の頭取新門辰五郎のごときも任俠燃える大俠だが、一方は今でいえば日本銀行の重役で江戸屈指の資産家。また一方は火消役以外別に浅草寺々内掃除番という名目の下に、巨大の常収入があったから、いずれも賭博はいらない。したがって辰五郎に鳶人足の乾分はたくさんいたけれど、縄張りも無ければ代貸元も何も無かった。近世名を売った長脇差には駿州の清水次郎長。武州の小金井小次郎。甲州の武居安五郎。黒駒の勝蔵。上州の大前田英五郎などは当時の代表的人物だが、長脇差は頗る任俠の精神に富んでいるので、人の難儀を救い、人のために咎められる羽目となり、遂に自身も投獄処刑を受けることがたびたびであるとともに、また一方名を売る機会ともなった。しかしながら彼等は俠客長脇差ではあるが何分素養がないため、一方より旨く話し込まれると、軽信し易くそれにより往々公明の裁断を欠き調子に乗り過ぎ、波乱を終わってのち、はじめて片方の非を悟るという欠陥がある。これがためせっかくの慈善事業がついに獰猛不義の動乱と化して結着となる場合が多い。玉に疵《きず》とは真にこのことを指したものであろうと思う。

そのところで一ツ断って置くのは人多く博徒の親分といえば必ず賭博が上手だから広大な縄張りが出来ると思っているが、それは間違いで、親分必ず賭博が上手とは限らぬ。中には大下手な者もある。しこうして名も無い三下奴にかえって名人がある。数百数千の乾分を持つ親分には賭博の名手というよりか、これを統率する力量。人の頭となる力、すなわち抱擁力に富んでいる者がなるのである。それから近頃活動映画の剣戟《チャンバラ》劇によく見るのだが、大親分が数百の敵勢を一人で相手にして戦うなどは余りに馬鹿らしい。これは剣客にも見受ける場面だが、いかに宮本武蔵でもとうてい出来ない技能。いわんや剣道も修業しない博徒手合じゃ三面六臂ならとにかくさもなくば事実かくあるべき筈がない。これはいわゆる度胸免許の作用で胆力をもって相手の気勢を圧し、その肝玉を驚かして機先を制するにある。もしこれが実戦となったら多勢に揉み潰され木端微塵となることはたしかに請合である。

よくよく長脇差侠客の淵源は慶安の頃、阿部豊後守忠秋が寛裕政策を行うため、浪人は漸次窘迫《きんぱく》（敵に迫られて苦しむこと）を免れ、各々仕途を求め産業を得たるにより浪人の跋扈《ばっこ》は消え去ったれど、これによりてさらに台頭したのがすなわち遊侠の徒であった。しかしその前後して顕《あらわ》れたのが旗下衆の少年輩、これらの者どもは互いに党を組み派を立て、大小神祇組とか鶺鴒組とか称えて盛んに市中を横行し、表に任侠を装い、その実風紀を紊乱《びんらん》して民家に禍を与える無頼漢に過ぎない。それに反抗して蹶起《けっき》し次第に具体化せられたのが幕末の任侠である。

しかしながら長脇差も賭博で全勝を続ければよいが、一朝蹉跎《さだ》（不過で志を得ぬさま）すればたちまち悲惨な境遇に落ちるの結果、往々良家を脅迫して財を奪い、処女を誘拐して売り飛ばすなどの卑劣な行為により、賭博殺傷以外の犯罪を構成することがある。これらはまったく窮余の一策で彼等仲間の一種の道徳観念から見て、唾棄され仲間外れとして冷遇されたが、稀にはこういう破廉恥漢もあった。さるとても長脇差も食わず呑まずにはいられぬから、博徒も本職以外何かの常職を求めた。そのところで多くはそのかたわら駅の宿屋とかまたは女郎屋とかを営むか、それでなくば代官所のスパイこれは彼等仲間では二枚草鞋と称して非常に忌み嫌ったが、ともかくこういう内職で辛くもその生活を維持しまた親分たる体面を保ったのである。

もっともこのスパイは当時民情に精通しかつ連絡の敏捷たる点において犯罪捜査上著しき成績あるに鑑み、これを利用して公務執行の補助機関に充てたのである。この政策は延て明治の初年までは持続され、大いに刑事裁判もしくは刑事警察上に大なる効験を奏したのだ。しかしとかく辺鄙の土地で愚蒙な代官となると、これを悪用するため庶民不辜《ふこ》（冤罪）に苦しみ、どうかすると二枚草鞋は恣に公権を利用して民を虐げ収賄の弊を醸し、仲間の者どもを排斥して勢力拡張の用具に供し、これがため相手の長脇差は依怙偏頗《いこへんぱ》（いこじで片寄っていること）の措置に怒りて、遂に代官殺しを演じそのあげく重刑に処せられるのである。もちろん磊落《らいらく》にして潑溂の意気は犯罪捜査上至極適当であろうが、相手が何分組織的頭脳の所有者でないからこれを利用するに細心の注意を要する。もし逆に利用されれば却って害を加える。明治二十六、七年頃警察では部分的には残存したがまず一般的にはスパイ政策を捨てた。それはなぜかといえば、当局が彼等の仲間を世話したり馳走したりして親昵《なじ》ませるはまことに結構だが、真の懐柔者は自腹を切って親分衆に恵み、決してこれとグルにならなかったに反し、近頃はそうでなくあまり双方が密接し過ぎ公私の別を無視し朋輩同志の気分となるのでとかく過《わざわい》を仕出来たす。高等警察と政事スパイとの間に醸され醜穢《しゅうわい》な最近の事例のごときが矢張りそれである。

ひるがえってさらに徳川氏時代の刑法と侠客長脇差の行為に対する擬律は主に賭博、殺人が多い。外にも多少の刑種はあるが、まず前顕二大事項が多数を占めている。元来旧幕府の法典は元文五年（一七四〇）庚申五月老中松平左近将監乗邑指揮の下に、三奉行が協議して従来の判例を参酌編纂、寛保二年（一七四二）壬戌三月に脱稿したのが御定書百箇条。その後寛政二年（一七九〇）庚戌松平定信が輔佐の当時増補刪正されたので寛政刑典ともいう。もとよりこの法律は評定所の定書で単に役人の心得すなわち内規同然で一般に公布されたものでもないから一に公事方定書ともなった。それほど左様に幕府の刑政が不文律であったことが推知せられる。従って量刑適此も一定せず、一に承審官の自由裁量に任かしたため、今日のごとく箱詰主義な鋳形に嵌める技工的裁判でなかったとともに、一面不当の裁決も少なくなかったようである。これが幕政当時の裁判の長所でもありまた短所でもあったのである。

その刑典の中に、

「人を殺し候者下手人」

という箇条がある。この下手人は刑名にして死刑の一種。これが博徒としての特殊の犯罪である。そのほか賭博犯は本法別に定める所なく、これは特令をもってときおり発布されたようで、爛熟期なる元禄時代にもっともこの種の法令が乱発された。それは泰平久しきに渉り民間歓楽に耽った結果、賭博も自然に発展したものと見える。しかし賭博についてはあまり厳刑を加えなかった。それは今の刑法を見ても常習犯以外普通の賭博は罰金刑で体刑を受けないのでわかる。なぜかというに賭博の種類は多方面にわたり、競馬、角力、銃猟、囲碁、将棋その他数え難い。極端にいえば株相場、米相場のごときもやはり一種の公許賭博である。博徒の弄ぶのは通例長半であるが、一体賭博なるものはイカサマすなわち詐欺賭博ならざる限り、相互承知の上で勝敗を決するものであるから、本来罰すべき罪質でないがただ風紀上黙過し難き弊害があるので禁制になったのだ。故井上侯が芝紅葉館前の伊集院邸で盛んに遣っている最中、探偵が縁下に潜って偵察したのを人臣護衛掛の警部に大目玉を頂戴したことがあり、児島大審院長以下七名の判検事に関する弄花事件、最近では第七師団長某中将や、東京市会議員の賭博、数えれば枚挙にいとまあらざるほど知識階級にさえ蔓延している。これすなわち昔から賭博犯を寛大視する歴史的ゆえんであった。現に彼の刺文奉行で有名な遠山左衛門尉景元が天保改革の際、老中水野越前守忠邦から賭博狩りを督促される再三におよびやむなく着手したが、手入が済んでのちに驚いたのは水越である。それは何かというと司法大臣は皮肉にも首相邸内における賭博犯を拘収したからである。これは些細な庶民の手慰みのみ厳罰して上流社会が恬然この種の犯罪を敢行して治外法権に蟠居《ばんきょ》恥じないでは綱紀粛正はまったく空論に過ぎない。景元が賭博狩りに躊躇した原因はここにあることをはじめて知られたのである。

そのところで旧幕時代の賭博犯に関する特例を挙げて見ると概略下のごとくである。慶長七年(一六〇三)壬寅六月の馬市札には「ばくち、宝引(福引)、双六此外諸勝負禁制之事」というのがある。それから慶安元年(一六四八)戊子二月には「前々より被仰付候ばくち、ほう引けんねんじ、かるた、何にても勝負堅仕間敷事」の禁制出で承応元年(一六五二)壬辰八月に「跡よりも度々申触候かるた、ばくえき諸勝負、是又御法度に候間仕間敷事」というのもあり、寛文四年(一六六四)甲辰十月の布令には「博奕の儀兼而より御法度候間自今以後仕。金銭財宝衣服とられ、及難儀者有之は不寄何時可訴訟、然上は其科をゆるし、とられ候もの取返し可遣事」などとあった。要するに幕府が博徒に対し寛大であったのは前顕のごとき内情もあり、任侠公共にも力を尽くしかつ刑事警察には私人として甚大の功労もあるところから、いわゆる功過相殺の論法から比較的寛大の措置を執ったのである。されど明治以後漸次侠客の美風衰え行き、今ではわずかに土工鉱夫の群に時折侠客の姿を散見するに過ぎなくなったのである。

五、アンケート「私の好きな俠客」

アンケート「私の好きな侠客」

本誌（『騒人』）が今度『侠客奇談号』を出すに当たって、現代知名の人士約百五十家に当てて往復ハガキで「一、貴下の好きな侠客は？　二、貴下がもし侠客だったら？」の二問を提出して意見を求めたところ、左の方々から御回答があった。侠客というものに対して、社会各方面の代表者がどういう見方をもっていられるかということが分かってはなはだ興味ある文献となった。御回答を賜わった諸賢の御厚意を感謝する。（編者）

水島爾保布

一　国定忠治。
二　茅ヶ崎沖の汐の速いをとめて見る。

高島米峰

一　幡随院長兵衛。
二　幡随院長兵衛を新しい型でゆくでしょう。

杉村楚人冠

一　中国では魯仲連《ろちゅうれん》、ヨーロッパではバイロン、南米ではボリーワー、日本なら山田長政というような国際的侠客を愛す。
二　僕がこの意味の侠客だったら、さしあたりメキシコに行って一旗あげる。

生方敏郎

一　この頃清水次郎長が好きに相成候。

二　金は無し力は無し拙者など侠客志願は思いもよらず候えども、ただ一片の侠気くらいは持合せ居り候。それゆえ文筆をもって侠客の志を貫くとでも申すべきか。

佐々木信綱

一　長兵衛

二　さあ、どんなことをしますでしょう。

橋本関雪

一　困りましたな、私は侠客伝に関して読んだものがほとんどないのですから、だが痛快で溜飲の下がることだけは事実です。

二　それではは侠客が嫌いかといえばどうして大好きです。総じて江戸の侠客は華やかで私には向きません。強いていえば讃州の日柳燕石、この人を侠客といえぬか知れませんが、半僧半侠、アノ人なら成れそうに思います。旧作を、

　未恋雲林謝俗衆。
　一身仙侠両相間。
　年来不市千金骨。
　時自城中帰見山。

沖野岩三郎

一　過去及び現在では、私の好きな侠客は一人もありません。

二　私が侠客だったら、弱きを扶けます。権力階級の配下になったり、衆団を恃《たの》んで暴力をふるったり、主従関係の古思想に囚われたりしません。これでも自分は本当の侠

客のつもりでいます。

平山蘆江

一　幡随院長兵衛（水野の邸へゆくあたり殊に好きに候）。

二　考えても見たことはありませんでした。けれども問いを出されてふと思い付いたことは町人は町人の格式として、終始丸腰で修羅場を切ってまわしてやるという意気を見せたいということです。それが出来ないことはないような気がします。出来る証拠にそういう架空の人物を主人公にした小説を書きたくなりました。

畑　耕一

一　「お芝居の」と断わり書きをして置いて花川戸助六。

二　僕が侠客だったら、可愛い茶気満々のヤンチャッポとして跳梁したいと思います。

池部　鈞

一　笹川の繁造。

二　何をしても負けたくない。ただ、それだけが侠客の心です。自分が侠客だったら、その精神を忘れないでしょう。

小村欣一

一　大口屋暁雨。

二　何事も善意に解し、各人の境遇に同情し、全く自分を捨てて人を助けて行きます。

井東　憲

一　本当の正義の味方であり、人間的な侠客は皆な好きです。ひとりよがりな偽侠客に呪あれ!!　幡随院長兵衛、新門辰五郎、国定忠治君なんか、民衆的意思があって好きだ。しかし今の自警団的な自称俠客は困りものだ。

二　僕がもし俠客だったら、世界各国の任俠の徒と兄弟分になって、本当の人間生活を来らせるために、すべての罪悪を向うへ廻して闘う。

山本久三郎

一　国定忠治。

二　国定忠治の任俠的気概だけは真似て見たいと思います。

野間五造

一　幡随院長兵衛。

二　私も子供の時分俠客になるつもりでした。

村田嘉久子

一　私は国定忠治が好きでございます。ただなんとなく好きなのです。

二　私がもしそれであったらやはり強きをくじき弱きを助けると思います。俠客という名前だけでもキビキビしていて気持ちがようございます。

沢田正二郎

一　国定忠治。

前田河広一郎

一　世俗伝うる「俠客」の定義は疑義を挟む余地があると信じます。私共は江戸時代の封建政治下における反逆的ヒロイズムとしての「俠客」をもっと縮小して見る必要がないかしらと思われます。大げさな伝説崇拝の時代でもありますまい。

川田芳子

一　清水次郎長の子分、森の石松。

二　私が侠客でしたら子分の五千人ももつようなかおになって、いざ喧嘩という時には、子分にまかせ、自分は家にいる、すべてこういう風の侠客になりたいと思います。

諸口十九

一　幡随院長兵衛なぞ。

二　心あたりがありません。侠客なぞといういさぎよいものになりたいが、私のような者ではとても駄目です。

宮田　修

一　国定忠治と清水次郎長。

二　財力や権力を笠に着て威張ったり不正を働く奴を片ぱしからいためてやります。

尾山篤次郎

一　まず皆無です。

二　弱きを助け強きをくじき、博奕をして喧嘩をして、憎い奴は片端からぶった切り、女は買えるだけ買い、そして国粋会の幹部になります。喧嘩や人殺しは自信がありませんから用心棒に新撰組を雇います。日本を売らねばならなくなったら、フランスへ往ってそのところでアルセーヌ・ルパンになります。

伊藤痴遊

一　国定忠治
二　考えておりません。
▲忠治のどこが良いか、といえば、何となくキビキビしている所が好きなのです。
▲大概な親分が、ビクビクしているのに、忠治は、平気で官憲と争ってゆく、その気分が愉快で堪らない。

正宗得三郎

一　私は侠客について、誰という程の興味はありませんが、貴下の御書きになっている清水次郎長を面白く読んでいます。

小杉放庵

一　大前田英五郎（おめえだとあの地方ではいうそうです）。
二　まず第一に度胸ッ骨を太くするつもりだが、それにはチト年を喰いすぎた。

安田善三郎

一　講談、演劇などにて多少、（無論いわゆる実録とは相違するならんが）承知致居候も扨《さて》比較してその孰《いず》れを好むかを判断する程には達居不申故に乍遺憾御答致兼候。
二　第一の理由によりこれも御答に苦しみ申候。乍序《ついでながら》毎号御掲載の清水の次郎長多大の興味をもって読みつづけ居候事茲《ここ》に申《もうし》述《のべ》候。

初瀬浪子

一　白輿三右衛門。
二　強きを扶《たす》けず弱きを斬らず。

江原小弥太

一　ございません。
二　嫌いですから侠客になるはずがありません。侠客であったら早速やめるだけです。侠客は低能児です。

近松秋江

一　いわゆる侠客ではないが、侠気の人として天川屋義兵衛などは好きな人物。
二　侠客は政治の綱紀が弛緩している時代の必要的産物なれば、ちょっと自身については想像出来かねる。

林田亀太郎

一　幡随院長兵衛。
二　俺が侠客だったら――現代において侠客と自信する――恐喝本位の暴力団や利権目的の政党を向うに廻して鏖戦《おうせん》（皆殺しにするまでのたたかい）を試みよう。

巖谷小波

一　好きなほどまだよく知らないから誰ともいえませんが、要するに人間味のある侠客を好きます。
二　私が侠客だったら、なるたけ喧嘩なんぞしないで情と徳で治めるようにしたいと思います、またしても刀をぬくのは嫌いです。

松崎天民

一　伝記物では、沢田正二郎の『国定忠治』村松梢風氏の『清水の次郎長』、故人では小林佐兵衛老、今人では九州の森司力之助氏。

二　私が侠客だったら——大正の今日無遠慮にいうを憚《はばか》る、しかし乾分の直門百人を養って、女も四、五人は囲うであろう。横暴な奴を取っちめて、貧しい連中を賑わすであろう。頼まれたら人殺しもやるであろうが、こいつはちょっと考えものさ。要するに侠客松崎天民は、ウンと金を取ってウンとその金を散じてみたい白日夢を描いております。

土岐善麿

一　一人もなし。
二　侠客をやめる。

山元春挙

一　自分はこれまであまり侠客伝など通読の経験はありませぬが、劇的脚色のものの中には、やはり幡随院長兵衛のごときが好きであります。
二　自分がもし侠客だったら侠客を標榜せず、しかも実行的任侠でありたいと思います。

邦枝完二

一　相模屋政五郎。
二　政治家の手先に使われている暴力団とかいうやつを、片ッ端から叩きのめしてやるだろう。

佐々木味津三

一　侠客と名のつくものは、たいていすきに候。さればとりわけて好きという者なし。
二　予《われ》もし侠客ならば無闇と人をあやめず、うた、俳句、時には小説などもかくし芸につくる侠客となり、バクエキ必勝の法を科学的に案出いたし、諸国のいい女なぞ弄玩《ろうがん》（もてあそぶこと）にまいるべく候。

佐々木照山

一　幡随院長兵衛也。

二　やはり幡随院長兵衛のしたようなことをやるだろう。

江見水蔭

一　別に御座なく候。

二　侠客には成りたく御座なく、従って何の考えも持ち合わせ申さず候。著作の上にて侠客は取扱候得共、元来侠客の本物に古来未だぶつかり申さず。博徒即侠客の輩には反感を抱き居る老生の事とて、貴問に応じ得る能わざるを遺憾と致し候。

姓名不明

一　真田幸村（彼は侠客的英雄、もしくは英雄的侠客である）

二　真田幸村たらん。

薄田淳介

一　幡随院長兵衛。あなたのお書きになっている清水次郎長。

二　私がもし侠客だったら騒人社に村松氏をお訪ねして、「はがきでこんな事を訊き合わせるのはおよしなせえ」と言うだろうと思います。

賀川豊彦

一　幡随院長兵衛。

二　賭博をしない侠客になる。

井上角五郎

一　小生は古来の侠客は総て好きなり喜んで伝を読み候。自分の遂に侠客たる能わざるを遺恨とすると共に今日は政治にも実業にも有力なる侠客の必要を感じ居り候。

中西伊之助

一　まず、国定忠治です。長兵衛も好きな男の一人です。これは山城の私の国の方の男で世間にはさっぱり知られていないが、喜撰伊兵衛が、小生の理想的の侠客です。私は多少、この男と血族関係であることをほこりにしています。私の名の伊之助は私の親族のものが伊兵衛の伊をとったものだそうです。

二　昔の真の侠客のように、権力階級を向こうに廻して一戦をやります。当今のように権力階級に庇護されて提灯をもつような侠客にはなりたくありません。

生田　葵

一　目の当たりに侠客というものを見たのは会津小鉄限りであるから、やはり小鉄が好きです。私の父も小鉄君とは心易くしていました。小肥りに太った男で、加茂川が大水で御幸橋が流れ落ちるかいなかという騒ぎの時、小鉄君は乾分を引き連れて、自分は印絆纏に飛口という威勢のいい姿で橋上を往来して何かと指図していたのが、いまだ目に残っています。丁髷を結っていました。明治十何年かの夏の終わりです。

二　僕が侠客だったら、今の時代浮浪人を集めて教育し、つまらぬ陰謀をやる政党屋に反抗してやります。

加藤武雄

一　国定忠治などがやはり好きです。強権と結ばず、背景というものなく、あくまで時代の反逆児として立ったところが好きです。
二　侠客であり得たら、さぞ愉快だろうと存じます。

坪内士行

一　芝居の「助六」。
二　一門をひきいて海外へ移住します。

千葉亀雄

一　一長一短、ちょっと誰とも言いきれませんが、少年の時代、なぜか勢力富五郎が好きなことがありました。

二　義は少しく尽くせるかも知れません。侠にいたっては、力の微を歎くほかはありません。

上司小剣

一　表に豪侠を装いながら、裏面のはなはだ不潔なもののように思われ、侠客というものは概して嫌いです。武士道というものも煎じ詰めると、やはり卑劣なもので、実を避けて虚を撃つなぞと教える兵法の奥儀とやら、はなはだ卑怯なものと感ぜられます。
二　右様の次第で侠客などにはどうしたってなれません。そんなことを想像するのもいやです。

失名氏

一　稗史小説に現れた侠客の伝記をどこまで

信じてよきか知らねど旗本に対抗した町奴幡随院長兵衛など好きに候。
二　似而非《えせ》なる俠客ばかりの連中、任俠らしい顔をして不正と暴力ばかりを得意とする連中を廓清《かくせい》（これまでにつもりたまった悪いことをはらい除いて清めること）したいと存じ候。

近藤浩一路

一　清水次郎長。
二　私がもし俠客だったら、そうですね、無欲純粋にして滔々《とうとう》たる俗世にいれられないで困っているような美術家、美術学生を助けていき、一方には美術館でも建設しますかね……。

水谷八重子

一　キリストなんかも、その昔の一種の俠客だったのでしょうね。おのれを犠牲にして大きな愛ですべてを包むことは大変に尊いことと存じます。この意味で私はキリストの俠客的気分が大好きです。
二　こうした大きな人格は私なんかにはとても及びもつきません。ただ出来ることなら、それに向かって努力したいと思うのです。

藤沢清造

一　幡随院長兵衛である。
二　長兵衛を好きな僕は、やっぱり長兵衛のような生活をおくった事だろう。

長谷川伸

一　なんといっても晩年の山本長五郎翁。
二　勢力と金力とを併せ得ているのだったらいわゆる乞食を統一して部下に属せしめ代

元締をして直接統治せしめ私はそれを総統してみる。乞食改善は宗教の力ではまだるく効果が薄い、これは俠客の仕事だ。

川柳久良岐

一　江戸子はやはり幡随院長兵衛―大口屋暁雨といったところ。義俠的でそして美的でないと面白く思いません。

大辻司郎

一　すきな俠客は次郎長の身内（小政）。

二　もし俠客だったらおっちょこちょいの性質ですから線香花火みたいな出入をしてたちまち犬死をするでしょう。名前をあげるまでとても命がもたないと思います。

宮嶋資夫

一　子供の時には、助六や御所の五郎蔵、などが好きだった、芝居や講談の感化らしい。その後、長兵衛派の俠客が好きになったが、これもだんだん嫌いになった、あれもやはり大名のお先棒で、旗本に対抗したものと思うようになったからだ。旗本の方がむしろ好意が持てるような感じがした。それから忠治や英五郎が好きになった。本能的に粗暴に行動する中に、本然的の正義感と優しい人情味があるのが好きだった。が、これも金で労力を張る親分風な所は余り好かない。竹川森太郎のような野中の杉の一本立の旅人が最近まで好きな俠客だったが、これもいつ変わるか判らない、というのはこの頃は俠客に余り興味を持たなくなったから。従って自分が俠客だったらとは近頃何も考えない。

田口掬汀

一　講談などで飛び飛びに見たくらいの程度ですから、特に誰をも名ざすほどに知っておりません。

二　当人顔して跋扈する下らぬ政治屋どもを撲滅したく思います。ああいう国家の寄生虫を滅ぼすことが出来たらどんなに痛快でしょう、暴力取締令なんかにかからずにソンナことの出来る方法がないでしょうかね。

矢田挿雲

一　幡随院長兵衛。

二　私が俠客だったら交通巡査を志願します。そして手を上げてもスキをねらって逃竄《とうざん》（逃げ隠れること）する紳士の胸倉を取って目の玉の飛出る程ぶってぶってぶちのめします、自動車がもしそうだったら自動車をドブの中へ蹴とばします。

村松梢風《むらまつしょうふう》（一八八九―一九六一）

明治二二年、静岡県周智郡飯田村（現、森町）に生まれる。静岡中学を卒業。慶應義塾大学入学。中退後静岡で教鞭をとり、慶應義塾大学に再入学し、再び中退。文筆活動に専念し、『中央公論』に『琴姫物語』『本朝画人伝』などを発表。

大正一二年に上海に渡航し、郭沫若、郁達夫などと交友。大正一五年に個人雑誌『騒人』創刊。昭和二年亡命してきた郭沫若をかくまう。

代表作に『近世名勝負物語』『正伝清水次郎長』など。昭和三六年死去。享年七一歳。

義と仁叢書5

俠客《きょうかく》の世界《せかい》
――江戸《えど》から昭和《しょうわ》まで――

平成二十七年一月二十五日　初版第一刷発行

編　著　村松梢風

発行者　佐藤今朝夫

発行所　株式会社　国書刊行会

〒一七四―〇〇五六

東京都板橋区志村一―一三―一五

TEL〇三（五九七〇）七四二一

FAX〇三（五九七〇）七四二七

http://www.kokusho.co.jp

e-mail:info@kokusho.co.jp

印　刷　株式会社シナノパブリッシングプレス

製　本　株式会社ブックアート

落丁本・乱丁本はお取替え致します。

ISBN978-4-336-05977-2